Mit freundlicher
Empfehlung

Praxis Dr. Heinkele
Zahnärzte

Augustinerplatz 2
D-79098 Freiburg
Telefon 0049 (0)761-33101
www.dr-heinkele.de

Epikur
Der Weg zum Glück

Epikur

Der Weg zum Glück

Herausgegeben und übersetzt
von Matthias Hackemann

ANACONDA

Die Deutsche Nationalbibliothek verzeichnet diese Publikation in der Deutschen Nationalbibliografie; detaillierte bibliografische Daten sind im Internet unter http://dnb.d-nb.de abrufbar.

© 2011 Anaconda Verlag GmbH, Köln
Alle Rechte vorbehalten.
Umschlagmotive: Ancient Roman Mosaic, © iStockphoto.com/ bigworld. – Detail from mosaic floor of the 8th century Church of St. Stephen at Umm al-Rasas, Jordan, © iStockphoto.com/ Ryan Rodrick Beiler (Vogel).
Umschlaggestaltung: Druckfrei. Dagmar Herrmann, Köln
Satz und Layout: InterMedia, Ratingen
Printed in Czech Republic 2011
ISBN 978-3-86647-600-4
www.anacondaverlag.de
info@anaconda-verlag.de

INHALT

Erstes Kapitel

WEGWEISER ZUM GLÜCK

Hier wirst du dich wohl fühlen:
Hier ist die Lust das höchste Gut.

Diese Gärtchen regen den Hunger nicht an, sondern stillen ihn.

Seneca, ep. 21,10

Wer den morgigen Tag am wenigsten braucht, geht dem morgigen Tag am freudigsten entgegen.

Plutarch, mor. 474C

Beneide niemanden. Denn die Guten verdienen keinen Neid, die Schlechten aber stürzen sich umso mehr ins Elend, je mehr Glück sie haben.

Gnom. Vat. Ep. 53

Immer und überall soll dir das viergliedrige Heilmittel zur Hand sein: Die Gottheit braucht keinen Schrecken zu erregen, der Tod keine Furcht, das Gute ist leicht zu beschaffen, das Schlimme aber leicht zu ertragen.

Philodemus, Herc. Pap. 1005, 4.9–14

Einen guten Menschen müssen wir lieben und ihn uns stets vor Augen halten: Damit wir so leben, als würde er uns zuschauen, und alles so machen, als würde er es sehen.

Seneca, ep. 11, 8

Allen Begierden muss man mit dieser Frage begegnen: Welche Konsequenzen hat es für mich, wenn sich dasjenige erfüllt, was meine Begierde ersehnt? Und welche hat es, wenn sich das nicht erfüllen würde?

Gnom. Vat. Ep. 71

Wir müssen uns nach dem tatsächlichen Ziel richten und unsere Meinungen an der offenbaren Wirklichkeit orientieren. Tun wir das nicht, wird alles voller Unentschiedenheit und Unruhe sein.

Kyriai Doxai 22

Wir sind ein einziges Mal am Leben, zweimal zu sein ist unmöglich. Zwangsläufig leben wir in alle Ewigkeit hinein nicht mehr. Und obwohl du nicht einmal Herr über den morgigen Tag bist, schiebst du auf, woraus dir Freude erwachsen kann. Das Leben aber vergeht unter lauter Zögern und jeder Einzelne von uns stirbt, ohne auch nur einmal Muße gehabt zu haben.

Gnom. Vat. Ep. 14

Versuchen wir, den kommenden Tag besser zu machen als den vergangenen.

Gnom. Vat. Ep. 48

Wem das, was genügt, zu wenig ist, dem genügt niemals etwas.

Gnom. Vat. Ep. 68

Undankbar gegenüber dem Guten, das uns zuteil wurde, ist jener Ausspruch Solons, der da lautet: »Sieh auf das Ende eines langen Lebens«.

Gnom. Vat. Ep. 75

Wenn du Pythokles reicher machen willst, füge nicht seinem Vermögen etwas hinzu, sondern nimm ihm von seinen Begierden etwas weg.

Stobaios, 3,17,23

Das Lob der anderen muss von selbst kommen, wir aber müssen für unser Heil sorgen.

Gnom. Vat. Ep. 64

Das Heil hat seinen Ursprung in der Erkenntnis des Irrtums.

Seneca, ep. 28,9

Wer selbst nicht in Sorge ist, belastet seinen Nächsten nicht.

Gnom. Vat. Ep. 79

Es ist unmöglich, dass jemand ohne Furcht lebt, der Furcht erregend erscheint.

Gnom. Cod. Par. 1168 f. 115v.

Zwang ist ein Übel. Doch besteht keinerlei Zwang, unter Zwang zu leben.

Gnom. Vat. Ep. 9

Du musst der Philosophie dienen, damit dir wahre Freiheit zuteil wird.

Seneca, ep. 8,7

Wenn du nicht in jedem einzelnen Augenblick jede einzelne deiner Handlungen auf dein naturgemäßes Ziel ausrichtest, sondern davon abweichst und dein Meiden oder Streben nach irgendetwas anderem ausrichtest, werden deinen Worten zu deinem Nachteil keine Taten folgen.

Kyriai Doxai 25

Die üblen Gewohnheiten wollen wir, wie schlechte Menschen, die uns lange Zeit Schaden zugefügt haben, ein für allemal verjagen.

Gnom. Vat. Ep. 46

Man darf seine Natur nicht unterjochen, sondern muss sie bereden. Bereden aber werden wir unsere lebensnotwendigen Begierden, indem wir sie stillen, ebenso die natürlichen, sofern sie nicht schaden, die schädlichen aber, indem wir sie scharf zurückweisen.

Gnom. Vat. Ep. 21

Der Anteil eines jungen Menschen an seinem Wohlergehen liegt darin, seine Jugend zu bewahren und vor denen wachsam zu sein, die mit ihren maßlosen Begierden alles besudeln wollen.

Gnom. Vat. Ep. 80

Glückselig ist nicht der junge Mann, sondern der Greis, der sein Leben gut geführt hat. Der junge Mann setzt nämlich seine Segel unter dem Einfluss seiner Vitalität mal auf dieses, mal auf jenes Ziel und wird vom Zufall hin und her geworfen. Der Greis hingegen ist in seinem Alter gewissermaßen im Hafen vor Anker gegangen und verwahrt voller Dankbarkeit die Güter, die er zuvor vergeblich erhofft hatte, sicher in seinem Herzen.

Gnom. Vat. Ep. 17

Nicht der Magen ist gierig und unersättlich, wie die Menge behauptet, sondern die falsche Mei-

nung darüber, man könne den Magen unbegrenzt
füllen.

Gnom. Vat. Ep. 59

Es ist die Undankbarkeit der Seele, die bei jedem
Lebewesen eine unendliche Gier nach Abwechs-
lungsreichtum im Leben verursacht.

Gnom. Vat. Ep. 69

Selbst mit Zeus würde ich mich gerne hinsichtlich
meiner Glückseligkeit messen, wenn ich nur Gerstenbrot und Wasser habe.

Aelian, var. hist. 4,13

Der Ruf des Fleisches lautet, nicht Hunger zu leiden,
keinen Durst zu haben und nicht zu frieren. Wenn
einer all das erlangt hat – und darauf hoffen kann,
es auch künftig zu besitzen – dürfte er wohl selbst
mit Zeus wetteifern, wer von ihnen glückseliger ist.

Gnom. Vat. Ep. 33

Wenn du mit Blick auf deine natürlichen Bedürfnisse lebst, wirst du niemals arm sein. Wenn aber
mit Blick auf die Meinungen der Leute, wirst du
niemals reich sein.

Seneca, ep. 16,7

In der Not versteht es der Weise im Vergleich zu anderen Menschen eher, anderen etwas abzugeben als von anderen etwas anzunehmen. Einen solchen Schatz hat er in der Selbstgenügsamkeit gefunden.

Gnom. Vat. Ep. 44

Wer sich an der Natur und nicht an den leeren Meinungen orientiert, besitzt stets genug. Denn in Hinsicht darauf, was unseren natürlichen Bedürfnissen genügt, ist jeder Besitz Reichtum. Gegenüber den unbegrenzten Begierden aber ist auch der größte Reichtum Armut.

Porphyrios, ad Marc. 27

Der größte Reichtum von allen ist die Selbstgenügsamkeit.

Porphyrios, ad Marc. 28

Die größte Frucht der Selbstgenügsamkeit ist die Freiheit.

Gnom. Vat. Ep. 77

Jemand, der ein freies Leben führt, kann ein großes Vermögen nicht erwerben – und zwar weil so etwas kaum ohne Lohndienst für die Masse oder die

Mächtigen zu bewerkstelligen ist –, sondern besitzt schon alles in dauerhafter Fülle. Und auch wenn er durch Zufall einmal in den Besitz eines großen Vermögens gelangen sollte, könnte er dies mit Leichtigkeit dem Wohlwollen der Menge zuliebe verteilen.

Gnom. Vat. Ep. 67

Auch in einem einfachen Leben ist Anständigkeit möglich. Wer auf diese aber nicht achtet, erleidet etwas ganz ähnliches wie derjenige, der durch Maß-losigkeit zugrunde geht.

Gnom. Vat. Ep. 63

Man muss begreifen, dass die lange und die kurze Rede auf dasselbe hinauslaufen.

Gnom. Vat. Ep. 26

Man muss zugleich lachen und philosophieren, sein Haus in Ordnung halten, seine übrigen Fähig-keiten nutzen und niemals aufhören, die Erkennt-nisse zu verkünden, die man aus der rechten Philo-sophie gewonnen hat.

Gnom. Vat. Ep. 41

Glücklich sein kann weder ein Staat in Aufruhr noch ein Haus unter der Zwietracht seiner Hausherren. Umso weniger kann ein Geist, der mit sich selbst uneins ist und im Argen liegt, auch nur einen Teil der reinen und unbegrenzten Lust kosten.

Cicero, fin. 1,58

Epikur identifiziert das Gute mit tiefster Ruhe, wie in einem windstillen, wellenlosen Hafen. Und er sagt:

Gutes zu tun ist nicht nur schöner, als Gutes zu erfahren, sondern auch lustvoller. Nichts bereitet nämlich solche Freude wie Dankbarkeit.

Plutarch, mor. 778C

Bei den meisten Menschen ist die Ruhe betäubt und die Bewegung artet in Raserei aus.

Gnom. Vat. Ep. 11

Mutter, sei gewiss, dass ich angesichts der Güter, die ich besitze, immer voll Freude bin. Und richte du selbst dich auf an den Dingen, die ich tue.

An die Mutter, Do LXIV William.

Sei versichert, ich gewinne täglich etwas hinzu, das mich zu größerer Glückseligkeit gelangen lässt: Es ist nie klein oder unbedeutend, sondern versetzt mich in einen gleichsam göttlichen Zustand und zeigt, dass mich auch meine Sterblichkeit den unvergänglichen und glückseligen Wesen nicht hintanstellt.

An die Mutter, Do LXIII William.

Dir, Zufall, habe ich vorgebaut und dein Eindringen ganz und gar vereitelt. Und weder dir noch irgendeiner anderen Unsicherheiten werden wir uns ausliefern. Aber wenn es an der Zeit sein wird, aus dem Leben zu treten, werden wir gewaltig darauf und auf alle spucken, die sich aus leeren Gründen an ihm festklammern. Vielmehr werden wir mit einem schönen Lied aus dem Leben gehen – und siegreich singen, dass wir es gut gelebt haben!

Gnom. Vat. Ep. 47

Wir wollen den Göttern opfern, fromm und makellos, wie es sich gebührt, wollen alles makellos gemäß den Bräuchen verrichten und uns hinsichtlich der vollkommensten und heiligsten Wesen in keiner Weise durch die leeren Meinungen verwirren lassen. Vielmehr behaupten wir, dass wir richtig handeln – aufgrund der Überlegung, die ich nannte. Auf diese Weise scheint es nämlich möglich, dass ein sterbliches Wesen gleich dem Zeus – beim Zeus! – leben kann.

An Anaxarchos

Zweites Kapitel

LUST-GEWINN

*Im Gegensatz zu anderen fordere ich zu
ständiger Lust auf – und nicht zu hohlen,
sinnlosen Tugenden mit deren Unruhe
stiftender Hoffnung auf Nutzen.*

Plutarch, mor. 1117A

Um der Lust willen soll man die Tugenden wählen, nicht als Selbstzweck, so wie die Heilkunst um der Gesundheit willen.

Diogenes Laertios 10,138

Es ist weder möglich, lustvoll zu leben, ohne besonnen, edel und gesittet zu leben, noch ist es möglich, besonnen, edel und gesittet zu leben, ohne lustvoll zu leben.

Kyriai Doxai 5

Einzig die Tugend ist untrennbar mit der Lust verbunden, alles andere aber kann man von ihr trennen, zum Beispiel Speisen.

Diogenes Laertios 10,138

Epikur vertritt die Auffassung, dass der tugendhafte Mensch glücklich sei, dass aber die Tugend als solche das glückliche Leben nicht in sich einschließe: Glücklich werde das Leben nämlich durch die Lust, die einem aus der Tugend erwachse, und nicht durch die Tugend an sich. Zugleich bestreitet er, dass Lust jemals ohne Tugend aufkommen könne.

Seneca, ep. 85,18

Ehren muss man das Gute und die Tugenden und was ihnen verwandt ist, wenn es Lust bereitet; wenn es diese aber nicht bewirkt, muss man von ihnen ablassen.

Athenaios 546F

Ich spucke auf das Gute und auf die, die es grundlos bewundern, wenn es keine Lust bereitet.

Athenaios 547A

Anfang und Ursprung alles Guten ist die Lust des Leibes. Auch das Weise und Edle beruht auf ihr.

Athenaios 546F

Als Beweis dafür, dass die Lust das Ziel ist, führt Epikur folgenden Sachverhalt an: Die Lebewesen erfreuen sich ab dem Moment ihrer Geburt einerseits sehr an der Lust, werden andererseits aber von Mühsal abgestoßen, von Natur aus und ohne darüber nachzudenken. Von ganz alleine vermeiden wir also den Schmerz. Deshalb schreit auch Herakles, als er von seinem Gewand zerfressen wird,

> »unter Brüllen und Heulen, ringsum aber stöhnten die Felsen
> und die Berge der Lokrer sowie die steilen Höhen Euböas.«

Diogenes Laertios 10,137 mit
Sophokles, Trachinierinnen 787 f.

Man kann jeden Schmerz ganz leicht missachten. Denn entweder verursacht er heftige Qualen, ist aber zeitlich begrenzt. Oder er hält sich lange Zeit im Körper, bedeutet aber nur schwache Qualen.

Gnom. Vat. Ep. 4

Auch das Entstehen irgendwelcher körperlicher Schmerzen ist hilfreich – nämlich dazu, sich vor ähnlichen Schmerzen zu schützen.

Gnom. Vat. Ep. 73

Außerdem gründet sowohl das Begehren als auch das Meiden und überhaupt alles, was man tut, entweder in Lust oder in Schmerz. Aufgrund dieses Sachverhalts ist es ersichtlich, dass alles, was richtig und lobenswert ist, sich darauf bezieht, mit Lust zu leben. Weil nun aber dasjenige Gut das höchste, letzte und äußerste ist (die Griechen nennen es »Télos«), das selbst auf nichts anderes mehr abzielt, auf das aber alles andere abzielt, muss man zugeben, dass das höchste Gut darin besteht, lustvoll zu leben.

Cicero, fin. 1,42

Wenn bei unersättlichen Menschen das Bewirken von Lustempfindungen dazu führt, dass bei ihnen die Gedanken an die Himmelserscheinungen, den Tod und die Schmerzen verschwinden, wenn es ihnen zudem noch die Grenzen aller Lustempfindungen und Schmerzen zeigte, dann hätten wir doch nichts an ihnen zu tadeln, da sie ja von allen Seiten mit Lust erfüllt würden und nirgendwoher irgendwelche Schmerzen oder Trauer empfänden, was ja eben genau das Schlechte ist.

Kyriai Doxai 10

Das Lustempfinden des Körpers nimmt nicht weiter zu, wenn die Schmerzen einmal beseitigt sind, die infolge von Mangel auftraten: Das Lustempfinden verändert sich nur. Die höchstmögliche geistige Lust entsteht daraus, dass man erkennt, was dem Verstand die größten Ängste bereitet – genau das und alles, was damit zusammengehört.

Kyriai Doxai 18

Ein unendlicher Zeitraum bereitet die gleiche Lust wie ein endlicher, wenn man die Grenzen der Lust mit dem Verstand absteckt.

Kyriai Doxai 19

Wenn alle Lust sich im Laufe der Zeit im gesamten Körper – oder wenigstens in seinen wichtigsten Tei-

24

len – ansammeln würde und schließlich in Summe zugegen wäre, unterschieden sich die Lustempfindungen nicht mehr voneinander.

Kyriai Doxai 9

Bei Epikur sind es zwei Güter, aus denen die höchste Glückseligkeit zusammengesetzt ist: dass der Körper frei von Schmerzen und dass der Geist frei von Unruhe ist. Wenn sie erfüllt sind, nehmen diese Güter nicht mehr zu. Wie sollte nämlich etwas zunehmen, das schon erfüllt ist? Der Körper ist frei von Schmerz: Was könnte diese Schmerzlosigkeit steigern? Die Seele ist gleichmütig und friedlich: Was könnte zu dieser Ruhe noch hinzukommen?

Seneca, ep. 66,45

Dass die Lust das höchste Gut ist, lässt sich ganz leicht aus Folgendem erkennen: Denken wir uns jemanden, der immerfort große Lust empfindet, sowohl geistige als auch leibliche, und zugleich von keinerlei Schmerzen betroffen ist, weder akuten noch drohenden: Von welcher Verfassung könnten wir dann sagen, sie sei vorzüglicher oder erstrebenswerter als diese?

Cicero, fin. 1,40

Ich für meinen Teil weiß nämlich nicht, was ich noch als das Gute auffassen soll, wenn ich die Freuden des Gaumens ausklammere und diejenigen der Liebe ausklammere und die des Gesangs ausklammere und auch die ausklammere, die aus der lieblichen Anmut gewisser Bewegungen entstehen – oder jedwede Lustempfindung, die sonst noch durch irgendeinen Sinneseindruck irgendwo im Menschen entsteht. So kann man freilich auch nicht sagen, dass die Seelenfreude das alleinige Gut sei, denn für eine freudige Seele setze ich auch voraus, dass unsere Natur die Hoffnung auf all das soeben Genannte besitzt, dass sie diese Dinge künftig erlangen und dabei frei von Schmerzen sein wird.

Athenaios 546E mit Cicero, Tusc. disp. 3,41

Wenn also nicht einmal der Lobgesang auf die eigentlichen Tugenden, der in den Ausführungen der übrigen Philosophen in den höchsten Tönen erklingt, ein anderes Ziel als die Lust zum Vorschein bringt und wenn es andererseits allein die Lust ist, die uns durch ihr eigenes Wesen zu sich ruft und anzieht, kann doch kein Zweifel bestehen, dass die Lust das oberste und höchste Gut überhaupt ist – und dass glücklich zu leben in nichts anderem besteht, als mit Lust zu leben.

Cicero, fin. 1,54

Wir haben nämlich genau dann ein Bedürfnis nach Lust, wenn wir aufgrund der Abwesenheit von Lust Schmerz verspüren. Wann immer wir aber keinen Schmerz empfinden, haben wir kein Bedürfnis nach Lust mehr. Und deswegen sagen wir: Die Lust ist Ursprung und Ziel des glückseligen Lebens. Denn wir erkennen in ihr das erste und uns wesensverwandte Gut, auf ihr basiert jedwedes Wählen und Vermeiden unsererseits und auf sie kommen wir zurück, wenn wir jedes Gute mit unserer Empfindung wie mit einer Richtschnur bewerten. Und eben weil sie das erste und das natürliche Gut für uns ist, entscheiden wir uns nicht für jede Lust, sondern lassen manchmal viele Lustmöglichkeiten verstreichen: nämlich immer dann, wenn sie Belastendes mit sich bringen, das für uns schwerer wöge. Auch halten wir vielfach Schmerzen für besser als Lustempfindungen, sofern für uns eine bedeutendere Lust daraus folgt, dass wir diese Schmerzen lange ertragen. Jede Lust ist also ein Gut, weil sie unserem Wesen verwandt ist, aber nicht jede ist erstrebenswert. Genauso ist auch jeder Schmerz ein Übel, nicht jeder aber ist immer zu meiden. Es ist freilich die Aufgabe genauer Beobachtung, dies alles durch Abwägen des Nützlichen und Schädlichen zu beurteilen.

Menoikeus 128–130

Unter gewissen Umständen wird es häufig geschehen – und zwar entweder aufgrund von gebührenden Pflichten oder, weil eine bestimmte Situation es erfordert –, dass man einerseits Lust zurückweisen muss und andererseits Beschwernisse nicht verweigern darf. Der Weise steht dann vor der Entscheidung, entweder größere Lust zu erlangen als diejenige, auf die er verzichten muss, oder schlimmere Schmerzen fernzuhalten als die, die er ertragen muss.

Cicero, fin. 1,33

Keiner sieht das Schlechte und wählt es als solches, sondern man wird von ihm dadurch geködert, dass es wie etwas Gutes erscheint, doch dann befällt einen ein umso größeres Übel.

Gnom. Vat. Ep. 16

Keine Lust ist aus sich selbst heraus schlecht. Aber manches, was Lust erzeugt, führt Beschwernisse herbei, die viel größer als diese Lust sind.

Kyriai Doxai 8

Ich gehe über vor leiblichen Freuden, wenn ich Wasser und Brot habe, und ich spucke auf die Freuden des Überflusses – nicht wegen ihrer selbst, sondern wegen der Unannehmlichkeiten, die uns aus ihnen erwachsen.

Stobaios, 3,17,33

Weil sie das, was sie sich selbst vorgenommen haben, nicht einhalten und aufrechterhalten können, lassen sich die meisten, vom Einfluss scheinbarer Lust geschwächt und besiegt, bereitwillig von Lustgefühlen fesseln, ohne die Konsequenzen vorherzusehen. Aus diesem Grund kommen sie wegen kleiner, unnötiger Lustempfindungen – die sie sich wohl auch anders hätten verschaffen und auf die sie schmerzlos hätten verzichten können – bald zu Schaden, bald geraten sie in Schande und handeln sich durch eigenes Verschulden sogar Strafen ein, die Gesetze und Richter verhängen.

Diejenigen aber, die Lustempfindungen auf eine Weise genießen, dass ihnen daraus keine Schmerzen erwachsen, und die Besonnenheit bewahren, sodass sie der Lust nicht zum Opfer fallen und nichts tun, was sie für falsch halten, diese erringen die größte Lust dadurch, dass sie auf Lust verzichten.

Cicero, fin. 1,47 f.

Von den Begierden sind einige angeboren und notwendig, andere aber angeboren und nicht notwendig, wiederum andere weder angeboren noch notwendig: Letztere entstehen vielmehr aufgrund unbegründeter Meinung.

Kyriai Doxai 29

Von den notwendigen Begierden aber sind die einen für die Glückseligkeit, andere für die Unbeschwertheit des Körpers, wieder andere für das Leben an sich notwendig.

Menoikeus 127

Halte es nicht für eine philosophisch ungebildete Aussage, dass die Seele ruft, wenn das Fleisch ruft. Die Stimme des Fleisches fordert: nicht hungern, nicht dürsten, nicht frieren. Und obwohl es für die Seele schwierig ist, das zu verweigern, besteht diese Gefahr dennoch, wenn sie nämlich durch die ihr eigene Selbstgenügsamkeit im Alltag den Ruf der Natur überhört.

Porphyrios, ad Marc. 30

Alle Begierden, die nicht zu Schmerzempfindungen führen, wenn sie unerfüllt bleiben, sind nicht notwendig. Vielmehr schließen sie ein Verlangen in sich, das leicht zu vereiteln ist, wann immer es sich zeigt, dass sie auf Dinge abzielen, die schwer herbeizuschaffen sind oder Schaden mit sich bringen.

Kyriai Doxai 26

Wenn wir also sagen, dass die Lust das Ziel ist, meinen wir nicht die Lust der Ausschweifenden oder der Genusssüchtigen – wie einige behaupten, die das entweder nicht wissen oder nicht eingestehen können oder absichtlich verkehrt verstehen. Unser Ziel ist vielmehr, dass man weder körperliche Schmerzen empfindet noch in seiner Seele Unruhe verspürt.

Menoikeus 131

Jetzt aber werde ich ausführen, was genau diese Lust ist: damit die Irrtümer der Ahnungslosen vollständig beseitigt werden und damit jeder versteht, wie ernst, wie enthaltsam, wie streng diese Lehre ist, der man unterstellt, sie sei genusssüchtig, wollüstig und verweichlicht. Wir folgen nämlich nicht derjenigen Lust als der einzigen, die unsere Natur nur durch irgendeinen Liebreiz lockt und von den Sinnen in irgendeiner Weise als angenehm wahrgenommen wird. Sondern wir halten jene Lust für die größte, die sich dann einstellt, wenn man von jedwedem Schmerz befreit ist.

Da wir uns, wenn uns der Schmerz genommen wird, über diese Erlösung als solche und auch über die Befreiung von jeder Beschwerlichkeit freuen, aber all das, woran wir uns freuen, Lust ist, wie auch alles, was uns Kummer bringt, Schmerz ist, wird die vollständige Freiheit von Schmerzen zurecht Lust genannt. Wie nämlich, wenn Hunger und Durst von Speise und Trank vertrieben werden, die Beseitigung dieser Qualen schon an und für sich Lust zur Folge hat, so lässt auch bei allem anderen die Erlösung vom Schmerz eine Lustempfindung entstehen. Daher bestritt Epikur, dass es irgendein Mittelding zwischen Schmerz und Lust gebe. Denn eben das, was einigen als die Mitte erscheint, weil es frei von Schmerzen ist, sei nicht nur Lust, sondern sogar höchste Lust.

Cicero, fin. 1,37 f.

Die größtmögliche Lustempfindung liegt in der Befreiung von allem, was schmerzt. Welche Quellen der Freude sich uns aber auch immer erschließen: Solange sie vorhanden sind, gibt es nichts, was uns Schmerzen oder Kummer oder auch beides zugleich zufügt.

Kyriai Doxai 3

Wenn zu fortwährender Lust und Freiheit von Schmerz noch hinzukommt, dass man weder göttliches Walten fürchtet noch zulässt, dass einem vergangene Lustempfindungen entfallen, man sich vielmehr über die beständige Erinnerung an sie freut – was könnte einem da noch Besseres widerfahren?

Cicero, fin. 1,41

Wir gestehen aber, dass die Seele Lust oder Schmerz dadurch empfindet, dass der Körper Lust oder Schmerz empfindet. Daher gebe ich zu: Obgleich uns sowohl die Lust der Seele Fröhlichkeit zufügt als auch ihr Schmerz Beschwerlichkeit, haben beide ihren Ursprung im Körper und wirken auf den Körper zurück. Trotzdem bleibt es unbenommen, dass sowohl die Lust als auch der Schmerz der Seele weitaus bedeutender sind als die entsprechenden Empfindungen des Körpers.

Denn mit dem Körper können wir ausschließlich das Momentane und Anwesende verspüren, mit der Seele aber auch Vergangenes und Künftiges. Angenommen nämlich, dass wir, wenn wir mit dem Körper Schmerz empfinden, in der Seele ebenso sehr Schmerz empfinden, kann der seelische doch ganz erheblich zunehmen, wenn wir der Meinung sind, dass uns irgendein Leid ewiglich und grenzenlos drohe. Entsprechend kann man dasselbe auf die Lust übertragen, die größer ist, wenn wir nichts Derartiges fürchten.

Cicero, fin. 1,55

Weder fortwährende Trinkgelage und Umzüge noch der Genuss von Knaben und Frauen und auch nicht von Fischen und allem übrigen, was ein üppiger Tisch zu bieten hat, können das lustvolle Leben erzeugen. Sondern nur eine besonnene Vernunft, die sowohl die Ursachen jedes Wählens und Meidens erkennt als auch die leeren Meinungen vertreibt, aus denen die Seelen die größte Beunruhigung befällt.

Der Ursprung all dessen also und das größte Gut ist die Vernunft. Deshalb ist die Vernunft auch wertvoller als die Philosophie, aus der alle übrigen Tugenden herrühren, weil sie uns lehrt, dass es nicht möglich ist, lustvoll zu leben, ohne vernünftig und edel und gerecht zu leben, und dass es ebenso unmöglich ist, vernünftig, edel und gerecht zu leben, ohne lustvoll zu leben. Denn die Tugenden sind mit dem lustvollen Leben verwachsen und das lustvolle Leben lässt sich nicht von ihnen trennen.

Menoikeus 132

Um Krankheiten der Seele handelt es sich bei grenzenlosen und eitlen Begierden nach Reichtum, Ruhm, Herrschaft und sogar nach ausschweifender Wollust. Zu ihnen gesellen sich Kummer, Beschwerlichkeit, Wehmut und diese zehren und reiben mit ihren Sorgen die Seelen der Menschen auf, die nicht verstehen, dass die Seele sich wegen nichts beunruhigen darf, was sich nicht auf einen gegenwärtigen oder künftigen körperlichen Schmerz bezieht. Hinzu kommen der Tod – der ständig droht wie der Fels dem Tantalos – sowie der Aberglaube: Wer von ihm betroffen ist, kann niemals Ruhe finden.

Cicero, fin. 1,59 f.

Es gibt natürliche Begierden, die zwar keine Schmerzen bewirken, wenn sie nicht befriedigt werden, aber trotzdem weiterhin Verlangen hervorrufen. Diese natürlichen Begierden entstehen aufgrund einer irrtümlichen Meinung – und es liegt nicht an ihrem Wesen, dass sie nicht beseitigt werden können, sondern an der irrtümlichen Meinung der Menschen.

Kyriai Doxai 30

Es ist nicht so, dass Schmach durch einen natürlichen Mangel von außen bewirkt würde, sondern durch eine Begierde, die anhand grundloser Meinungen aufgekommen ist.

Stobaios, 3,17,34

Das Fleisch würde äußerste Lust nur in der Unendlichkeit erreichen und nur unbegrenzte Zeit könnte sie ihm verschaffen. Der Verstand aber erlangt, wenn er das Ziel und die Grenze des Fleisches vollständig erfasst und jede Angst vor der Ewigkeit aufgehoben hat, das vollkommene Leben, ohne dass wir noch der unbegrenzten Zeit dazu bedürfen.

Kyriai Doxai 20

Nachdem wir aber das Wesen aller Dinge erkannt haben, werden wir vom Aberglauben befreit, von Furcht vor dem Tod erlöst und vom Unwissen über die Welt nicht mehr beunruhigt, und besonders aus letzterem rühren sonst oft schreckliche Erschütterungen her.

Cicero, fin. 1,63

Zeit meines Lebens freue ich mich wie die Götter.

An die Mutter, DO LXIII William.

Drittes Kapitel

FREUNDSCHAFT, LIEBE UND FAMILIE

Wer Freundlichkeit an den Tag legt,
gewinnt Wohlwollen und Liebe –
die beste Voraussetzung für ein ruhiges
Leben, vor allem weil es dann überhaupt
keinen Grund gibt, etwas Falsches zu tun.

Cicero, fin. 1,52

Die Freundschaft tanzt in der ganzen Welt umher und fordert uns auf, wach zu werden und sie zu preisen.

Gnom. Vat. Ep. 52

Von allem, was die Weisheit für die Glückseligkeit des gesamten Lebens zur Verfügung stellt, ist das bei Weitem Wichtigste der Gewinn der Freundschaft.

Kyriai Doxai 27

Weder mit Leichtfertigen noch mit Zauderern darf man sich auf eine Freundschaft einlassen. Man muss um einer Freundschaft willen aber auch gewisse Risiken eingehen.

Gnom. Vat. Ep. 28

Weder jemand, der ständig auf seinen eigenen Vorteil bedacht ist, kann ein Freund sein, noch jemand, der niemals darauf bedacht ist: Der eine nämlich treibt mit seiner Gefälligkeit Handel und ist auf Lohn aus, und der andere kappt jede Hoffnung auf Zukunft.

Gnom. Vat. Ep. 39

Lasst uns mit unseren Freunden mitempfinden: nicht indem wir Klage erheben, sondern indem wir Sorge tragen.

Gnom. Vat. Ep. 66

Man muss mehr darauf achten, mit wem man isst und trinkt, als darauf, was man isst und trinkt. Denn ohne Freunde gleicht das Leben der Fütterung von Löwen und Wölfen.

Seneca, ep. 19,10

Freundschaft kann man von der Lust nicht trennen, deshalb muss man sie pflegen. Denn wenn es ohne sie nicht möglich ist, sicher und ohne Furcht zu leben, kann man ohne sie auch unmöglich lustvoll leben.

Cicero, fin. 2,82

Jede Freundschaft ist um ihrer selbst willen wünschenswert. Ihren Anfang aber nimmt sie zunächst, weil sie einen Nutzen bringt.

Gnom. Vat. Ep. 23

Es ist dieselbe Erkenntnis, die uns zum einen die Sicherheit gibt, dass kein Übel ewig oder lange anhält, und uns zum anderen erkennen lässt, dass – unter dem Einfluss solch begrenzter Übel – vor allem die von einer Freundschaft gebotene Sicherheit erstrebenswert ist.

Kyriai Doxai 28

Das Leid eines Weisen ist, wenn er selbst gefoltert wird, nicht größer als wenn sein Freund gefoltert wird. Wenn er sich das Erlebnis seines Freundes nämlich nicht zu eigen macht, wird sein eigenes Leben aufgrund dieser Treulosigkeit ganz und gar durcheinander gewirbelt, ja auf den Kopf gestellt.

Gnom. Vat. Ep. 56–57

Wir brauchen nicht so sehr die tatsächliche Unterstützung seitens unserer Freunde als vielmehr das Vertrauen, dass sie uns bei Bedarf unterstützen würden.

Gnom. Vat. Ep. 34

Am schönsten ist der Anblick eines Mitmenschen, wenn die erste Begegnung harmonisch verläuft – oder man sich zumindest große Mühe dazu gibt.

Gnom. Vat. Ep. 61

Ich höre von dir, dass deine körperliche Erregung dich ziemlich häufig zu sexueller Befriedigung drängt. In Ordnung: Wenn du dabei nie die Gesetze brichst, nicht die Gebote guter Sitten verletzt, keinen deiner Mitmenschen kränkst, auch deinen Körper nicht zugrunde richtest und das zum Leben Notwendige nicht verschleuderst, dann gib dich deiner Neigung so hin, wie du willst. Allerdings ist es unvermeidlich, sich dabei in mindestens einen dieser Tatbestände zu verstricken. Die geschlechtliche Liebe hat nämlich noch nie etwas genutzt, man muss sich schon freuen, wenn sie nicht schadet.

Gnom. Vat. Ep. 51

Ohne den Anblick des anderen, das Zusammensein und den Verkehr miteinander löst sich die erotische Leidenschaft auf.

Gnom. Vat. Ep. 18

Wenn es notwendig ist, dass Eltern auf ihre Kinder wütend werden, ist es doch wohl sinnvoll, sich dagegen nicht anzustemmen und sich lieber Mühe zu geben, bei ihnen Verzeihung zu erlangen. Wenn es aber nicht notwendig ist, sondern sogar ziemlich unvernünftig, wäre es doch ganz lächerlich, nur um der Provokation willen gegen diese Unvernunft anzugehen und nicht lieber voller Verständnis zu versuchen, sein eigenes Verhalten zu ändern und seine Eltern dadurch milde zu stimmen.

Gnom. Vat. Ep. 62

Viertes Kapitel

POLITIK UND GESELLSCHAFT

Lebe im Verborgenen!

Plutarch, mor. 1128

Epikur sagt, es gebe keine menschliche Gemeinschaft, jeder sorge nur für sich.

Laktanz, div. inst. 3,17,43

Für sämtliche Lebewesen, die nicht fähig waren,
Verträge darüber abzuschließen, dass man den
anderen keinen Schaden zufüge beziehungsweise
von den anderen keinen Schaden zu befürchten
habe, gab es weder Recht noch Unrecht. Und das
gilt ebenso auch für sämtliche Völker, die nicht
fähig waren (oder es nicht wollten), Verträge darüber abzuschließen, dass man den anderen keinen
Schaden zufüge beziehungsweise von den anderen
keinen Schaden zu befürchten habe.

Kyriai Doxai 32

Es gibt für vernunftbegabte Wesen keine natürliche
Gemeinschaft untereinander, glaubt es mir. Die, die
das Gegenteil behaupten, täuschen euch und irren
sich.

Epiktet, 2,20,6

Damit die Menschen ohne ständige gegenseitige
Angst miteinander verkehren konnten, erwies sich
die Herrschaft, besonders die Monarchie, als ein
der menschlichen Natur entsprechendes Gut.

Denn mit ihrer Hilfe war man imstande, Sicherheit zu erlangen.

Kyriai Doxai 6

Obwohl die Sicherheit vor anderen Menschen bis zu einem gewissen Punkt auf etablierter Macht und Wohlstand beruht, so ist die vorzüglichste Sicherheit doch diejenige, welche auf der Ruhe und dem Meiden der Massen beruht.

Kyriai Doxai 14

Meide politische Betätigung gleich einem Unheil und wie die Vernichtung des Glücks.

Plutarch, vita Pyrrhi 20

Zieh dich vor allem dann in dich selbst zurück, wenn du gezwungen bist, unter vielen Leuten zu sein.

Seneca, ep. 25,6

Der Weise wird weder Politik betreiben noch herrschen.

Diogenes Laertios 10,119

Der Weise wird keine politische Laufbahn einschla-
gen, es sei denn, irgendetwas zwingt ihn dazu.

Seneca, de otio 3,2

Berühmt und geachtet haben schon etliche aus dem
Gedanken heraus werden wollen, auf diese Weise
Sicherheit gegenüber anderen Menschen erreichen
zu können. Dabei gab es zwei Möglichkeiten: Entweder war das Leben dieser Leute dann tatsächlich
sicher, und sie hatten das ihrer Natur entsprechende Gut erreicht. Oder ihr Leben war nicht sicher,
und sie besaßen genau das nicht, wonach sie
ursprünglich in Einklang mit ihrer eigenen Natur
gestrebt hatten.

Kyriai Doxai 7

Du verstehst nunmehr, dass du dich aus den Beschäftigungen, denen du nachgehst, zurückziehen
musst: Sie sind auf äußeren Schein gerichtet und
schlecht. Aber du möchtest wissen, auf welche
Weise du das erreichen kannst.

Lies Epikurs Brief an Idomeneus, den er zu diesem Thema geschrieben hat: Er bittet ihn dort, dass
er sich nach Kräften eilen möge, zu fliehen, bevor
eine stärkere Macht dazwischentrete und ihm die
Freiheit nehme, sich zurückzuziehen.

Er schließt gleichwohl einschränkend an, man dürfe nichts unternehmen, solange man es nicht passend und zur rechten Zeit unternehmen könne.

Aber sobald der Moment gekommen ist, auf den man lange Zeit gewartet hat, müsse man sich aufmachen, sagt er. Demjenigen, der auf Flucht sinnt, verbietet er zu schlafen und er äußert seine Hoffnung auf einen rettenden Ausweg auch aus den schwierigsten Lagen, sofern wir uns weder vorzeitig eilen noch zum rechten Zeitpunkt zögern.

Seneca, ep. 22,5

Jeder muss sich selbst aus dem Gefängnis befreien, das Alltagsgeschäfte und Politik bilden.

Gnom. Vat. Ep. 58

Wie wir unsere eigenen Charakterzüge schätzen – sowohl wenn sie trefflich sind und von den Menschen bewundert werden als auch sonst –, so müssen wir auch die unserer Nächsten schätzen, wenn sie uns wohlmeinend gegenüberstehen.

Gnom. Vat. Ep. 15

Das Recht, das dem Wesen der Menschen entspricht, ist eine Vereinbarung mit Blick auf den

Nutzen, einander weder Schaden zuzufügen noch
voneinander Schaden zu erleiden.

Kyriai Doxai 31

Im Großen und Ganzen ist das, was gerecht ist, für
alle dasselbe – nämlich irgendetwas Hilfreiches für
das Zusammenleben der Menschen. Durch die
konkreten Eigenheiten jedes Landes und aus diver-
sen anderen Gründen ergibt es sich aber, dass nicht
für alle dasselbe gerecht ist.

Kyriai Doxai 36

Wie ist es möglich, dass schlechte Taten ebenso viel
dazu beitragen, die Beschwerlichkeiten im Leben zu
mindern, wie sie ebendiese Beschwerlichkeiten
andererseits – aufgrund des Schuldbewusstseins
wegen dieser Taten und vor allem aufgrund der
gesetzlichen Strafen und des Hasses, den sie bei den
Bürgern hervorrufen – wieder vermehren?

Cicero, fin. 1,51

Der größte Nutzen, den man aus der Gerechtigkeit
zieht, ist die innere Ruhe.

Clem. Alex. Strom. 6,24,10

Diejenigen, die insbesondere in der Lage sind, mit Blick auf ihre Nachbarn ein angstfreies Leben zu entwickeln, können allesamt aufgrund ihrer unübertrefflichen Zuversicht auf die denkbar freudvollste Weise miteinander leben. Und weil sie die höchste Form von Zuversicht besitzen, klagen sie bei Todesfällen auch nicht darüber, dass derjenige vor seiner Zeit gestorben sei, nur um Mitleid zu erwecken.

Kyriai Doxai 40

Der Gerechte lässt sich am wenigsten beunruhigen. Der Ungerechte aber trägt die größte Unruhe in sich.

Kyriai Doxai 17

Wird der Weise etwas Gesetzwidriges tun, wenn er weiß, dass es unbemerkt bleibt? Darüber kann man schwerlich eine einfache Aussage treffen.

Plutarch, mor. 1127D

Es geschieht nicht leicht, dass jemand unentdeckt bleibt, der ein Unrecht begeht. Und Gewissheit darüber zu erlangen, dass er unentdeckt bleibt, ist gänzlich unmöglich.

Gnom. Vat. Ep. 7

Das Unrecht ist nicht an sich ein Übel. Zu einem Übel wird es vielmehr erst durch die Angst, dass es den dafür zuständigen Strafgerichten nicht verborgen bleiben könnte.

Kyriai Doxai 34

Man sagt, dass diejenigen, die ein Unrecht begehen und gesetzwidrig handeln, die ganze Zeit über unglücklich und furchtsam leben: Denn auch wenn sie es verbergen können, ist es doch unmöglich für sie, Gewissheit darüber zu erlangen, dass ihr Tun unentdeckt bleiben wird. Daher lässt die ständige, drückende Unsicherheit über die Zukunft weder zu, dass sie Freude empfinden, noch können sie aufgrund ihrer momentanen Lage zuversichtlich sein.

Plutarch, mor. 1090C

Du sollst in deinem Leben nichts tun, bei dem dir die Möglichkeit, dass es von den Leuten entdeckt werden könnte, Furcht bereitet.

Gnom. Vat. Ep. 70

Jemand, der heimlich etwas von den Dingen tut, die man zu unterlassen vereinbart hat, um einander nicht zu schaden und voneinander keinen Schaden zu erleiden, kann unmöglich darauf vertrauen, dass es unentdeckt bleiben wird, wenn es für den Moment auch tausendmal unbemerkt bleibt. Es ist nämlich bis zu seinem Lebensende unklar, ob es verborgen bleiben wird.

Kyriai Doxai 35

Unrechtmäßig Geld zu verlangen ist frevelhaft, rechtmäßig Geld zu verlangen aber schändlich. Es gehört sich nämlich nicht, nach Geld zu gieren, selbst wenn man im Recht ist.

Gnom. Vat. Ep. 43

Unter allem, was als gerecht gilt, nimmt dasjenige tatsächlich den Rang des Gerechten ein, das erwiesenermaßen für die wechselseitigen Bedürfnisse der Gemeinschaft nützlich ist – ob es nun für alle denselben Nutzen bringt oder nicht. Wenn jemand aber ein Gesetz aufstellt, das den gegenseitigen Nutzen der Gemeinschaft nicht fördert, trägt es das Wesen des Gerechten nicht in sich. Und wenn der Nutzen, den das Gerechte einbringt, sich irgendwann verändert, zuvor aber über eine gewisse Zeit mit der ursprünglichen Vorstellung übereingestimmt hat, war es in den Augen derjenigen, die sich nicht mit inhaltsleerem Gerede verwirren, sondern auf die Tatsachen blicken, anfangs nichtsdestoweniger gerecht.

Kyriai Doxai 37

Wenn sich irgendwo zwar nicht die äußeren Verhältnisse ändern, aber doch das, was einmal als gerecht festgesetzt worden ist, in der Praxis nicht mehr mit der ursprünglichen Vorstellung vereinbar ist, so war dies auch niemals gerecht. Wenn sich hingegen die äußeren Verhältnisse ändern und das, was einmal als gerecht festgesetzt worden ist, nicht mehr hilfreich ist, dann waren sie doch zumindest so lange gerecht, wie sie für das gesellschaftliche Miteinander der Bürger hilfreich gewesen sind. Danach aber waren sie nicht mehr gerecht, weil sie nicht mehr hilfreich waren.

Kyriai Doxai 38

Es hat niemals eine Gerechtigkeit an und für sich gegeben. Vielmehr gab es im Umgang miteinander in Bezug auf die unterschiedlichsten Angelegenheiten immer nur irgendeine auf konkrete Fälle bezogene Vereinbarung – dass man nämlich den jeweils anderen diesbezüglich keinen Schaden zufüge beziehungsweise von diesen anderen keinen Schaden zu befürchten habe.

Kyriai Doxai 33

Durch deinen ganzen Charakter zeigtest du dich würdig, ein freies Leben zu führen, das nicht von Gesetzen bestimmt ist.

Philodemos, pragm. = 74 Ar.

Manche Menschen sind kleinlich und engherzig oder verzweifeln ständig an allem, sind missgünstige, neidische, mürrische, lichtscheue, verleumderische, widerwärtige Personen, andere geben sich den Liebesabenteuern hin oder sind ausschweifend oder vermessen und dreist, auch zügellos, feige, wankelmütig – und aus all diesen Gründen nehmen die Beschwerlichkeiten in ihrem Leben kein Ende. Daher ist ein törichter Mensch niemals glücklich.

Cicero, fin. 1,61

Diese Art zu leben, die nicht auf ein glückseliges Leben abzielt, bezeichne ich als ordinär und plump.

Philodemos, pragm. = 74 Ar.

Niemand verwirft oder hasst oder meidet die Lust als solche – weil sie Lust ist –, sondern weil den Leuten, die es nicht verstehen, der Lust mit Verstand nachzugehen, daraus große Schmerzen erwachsen. Ferner gibt es niemanden, der den Schmerz als solchen – weil er Schmerz ist – liebt, ihn erstrebt oder erringen will; vielmehr stellen sich manchmal Umstände solcher Art ein, dass man über einen mühsamen und schmerzlichen Weg große Lust zu erreichen sucht. Ich will das mit einem Beispiel aus dem Alltagsleben illustrieren: Wer von uns nimmt irgendeine mühsame körperliche Übung auf sich, außer damit irgendetwas Angenehmes daraus folgt? Und wer könnte dann wohl denjenigen zu Recht kritisieren, der einen Lustzustand erreichen möchte, aus dem keinerlei Beschwerlichkeit erwächst, oder denjenigen, der jeden Schmerz vermeidet, aus dem keine Lust folgt?

Hingegen klagen wir diejenigen an und denken, dass sie unseren gerechten Hass am meisten verdient haben, die von den Verlockungen momentaner Lustempfindungen verweichlicht und verdorben werden, ohne dass sie etwa vorhersähen, welche Schmerzen und Beschwerlichkeiten sie sich damit aufbürden, denn sie sind blind vor Gier. Und ebenso machen sich diejenigen schuldig, die ihre Pflichten vernachlässigen, weil ihr Geist schwach ist, nämlich indem sie Mühen und Schmerzen ausweichen.

Cicero, fin. 1,32

Die Begierden, die ihren Ursprung in unserer Natur haben, sind leicht zu erfüllen, ohne jedes Unrecht. Den leeren Begierden aber darf man nicht nachgeben. Sie verlangen nämlich nach nichts Erstrebenswertem und der Schaden durch das Unrecht, sie zu erfüllen, ist größer als der Vorteil, der in den Dingen liegt, die durch dieses Unrecht erworben werden.

Daher könnte man noch nicht einmal von der Gerechtigkeit sagen, dass sie an sich wünschenswert sei. Sie ist es vielmehr, weil sie wohl die größte Annehmlichkeit mit sich bringt. Denn geschätzt zu werden und anderen lieb zu sein ist deswegen angenehm, weil es ein sichereres Leben und eine tiefgehendere Lust bewirkt. Daher meine ich, dass die Schlechtigkeit nicht nur wegen dieser Unannehmlichkeiten, die den Schlechten zuteil werden, zu meiden sei, sondern viel mehr noch, weil sie denjenigen, dessen Seele sie erfasst hat, niemals zur Ruhe kommen, sich niemals erholen lässt.

Cicero, fin. 1,53

Dem Schlechten gegenüber ist unsere Natur schwach, nicht dem Guten gegenüber. Durch Lustempfindungen wird sie erhalten, durch Schmerzen aber zugrunde gerichtet.

Gnom. Vat. Ep. 37

Fünftes Kapitel

WECHSELFÄLLE DES LEBENS

Wer vergangenes Gutes vergisst,
ist schon jetzt ein Greis.

Gnom. Vat. Ep. 19

Epikur beklagt unablässig, dass wir gegenüber dem Vergangenen undankbar seien, wenn wir, welche Güter auch immer uns zuteil geworden sind, uns diese weder ins Gedächtnis rufen noch sie zu den Lustempfindungen zählen, wo doch keine Lustempfindung gewisser sei als diejenige, die uns nicht mehr genommen werden kann.

Seneca, Benef. 3,4,1

Die Unruhe der Seele auflösen oder bedeutsame Freude erzeugen, das kann weder der Besitz größter Reichtümer noch die Wertschätzung und Bewunderung seitens der Leute noch sonst irgendetwas von diesen Dingen, deren Grundlage unsicher ist.

Gnom. Vat. Ep. 81

Viele, die zu Reichtum gelangt waren, trafen statt auf irgendeine Erlösung von den Übeln vielmehr auf einen Wechsel zu noch größeren.

Porphyrios, ad Marc. 28

Wie wir uns an guten Dingen aufrichten, die wir erwarten, so erfreuen wir uns an denen, an die wir uns erinnern. Die Dummen hingegen quälen sich mit der Erinnerung an Schlimmes. Es liegt jedoch bei uns, dass wir einerseits Widriges gleichsam durch beständiges Vergessen zudecken und uns andererseits an Glückliches gerne und voller Heiterkeit erinnern. Wenn wir aber das Vergangene scharf und gründlich bedenken, dann ergibt es sich, dass uns Kummer erwächst, wenn es sich dabei um schlimme Dinge handelt, dass sich aber Freude einstellt, wenn es etwas Schönes ist.

Cicero, fin. 1,57

Armut ist, gemessen an der Erfüllung unserer natürlichen Bedürfnisse, großer Reichtum. Reichtum aber, der sich keine Grenze setzt, ist große Armut.

Gnom. Vat. Ep. 25

Wer die Grenzen des Lebens erkannt hat, weiß, wie leicht dasjenige zu beschaffen ist, das den schmerzenden Mangel beseitigt und das ganze Leben vollkommen macht. Ein solcher Mensch hat daher keinen weiteren Bedarf an Dingen, für deren Erwerb man sich anstrengen muss.

Kyriai Doxai 21

Immer wenn du verzweifelt bist, bist du verzweifelt, weil du deine Natur nicht bedenkst. Du bereitest dir nämlich selbst grenzenlose Ängste und Begierden.

Porphyrios, ad Marc. 29

Und die Natur lehrt uns, dasjenige für unbedeutend zu halten, was das Schicksal uns zuteilt. Und sie heißt einerseits die Glücklichen, zu erfassen, was es bedeutet, nicht glücklich zu sein, andererseits heißt sie die Unglücklichen, das Glücklichsein nicht für allzu bedeutend zu halten. Die Güter, die das Schicksal einem verschafft, soll man mit Gelassenheit annehmen, aber innerlich den Vergleich mit denen anstellen, die durch das Schicksal schlecht gestellt zu sein scheinen. Und die Natur lehrt uns, dass alles, was die Leute für etwas Gutes oder für ein Übel halten, vergänglich, die Weisheit aber in keiner Weise mit dem Schicksal verbunden ist.

Porphyrios, ad Marc. 30

Ein törichtes Leben ist undankbar und unruhig: Es ist ganz auf die Zukunft ausgerichtet.

Seneca, ep. 15,9

Schicksalsschlägen muss man dadurch begegnen, dass man für die verlorenen Dinge Dankbarkeit empfindet, und indem man erkennt, dass man unmöglich ungeschehen machen kann, was schon vergangen ist.

Gnom. Vat. Ep. 55

Die Dummen erinnern sich nicht an das vergangene und genießen nicht das gegenwärtige, sondern erwarten nur das zukünftige Gute. Weil letzteres aber nie gewiss sein kann, werden sie von unruhiger Furcht verzehrt und machen sich vor allem dann schwere Vorwürfe, wenn sie zu spät bemerken, dass sie vergebens nach Geld oder Macht oder Einfluss oder Ruhm gestrebt haben. Sie erringen nämlich niemals die Lust, die sie voll flammender Hoffnung erreichen wollten und für die sie Anstrengungen auf sich genommen hatten.

Cicero, fin. 1,60

Der stets glückliche Weise erinnert sich dankbar an das Vergangene und nimmt die Gegenwart so auf, dass er erfasst, wie großartig und angenehm sie ist. Und der Weise macht sich auch nicht von der Zukunft abhängig, sondern er wartet sie geduldig ab und genießt die Gegenwart.

Cicero, fin. 1,62

Den Zufall hält der Weise weder für einen Gott, wofür ihn die meisten ansehen – von einem Gott nämlich wird nichts regellos unternommen –, noch für eine unsichere Ursache. Denn er meint, dass der Zufall den Menschen in Hinsicht auf das glückselige Leben weder Vorteilhaftes noch Schädliches bringe, dass der Zufall allerdings das Aufkommen großer Güter oder Übel ermögliche. Außerdem hält er es für besser, wohlüberlegt zu handeln und dabei kein Glück zu haben, als unüberlegt zu agieren und einen Zufallserfolg zu erlangen. Es sei nämlich besser, wenn bei den Handlungen, die wir unternehmen, etwas gut Überlegtes missglücke, als dass etwas schlecht Überlegtes nur durch Glück gelinge.

Menoikeus 134

Man darf das Vorhandene nicht aus Verlangen nach etwas Fernem abfällig behandeln, sondern muss bedenken, dass auch das Vorhandene zu den ersehnten Dingen gehörte.

Gnom. Vat. Ep. 35

Heitere Armut ist ehrenhaft.

Seneca, ep. 2,5

Auch die Selbstgenügsamkeit halten wir für ein großes Gut – nicht etwa, damit wir das Wenige um seiner selbst willen begehren, sondern damit wir uns, wenn wir das Viele nicht haben, mit dem Wenigen in der tiefen Überzeugung begnügen können, dass diejenigen Luxus am heitersten genießen, die ihn am wenigsten brauchen, und dass zwar alles, was unsere Natur erfordert, leicht zu beschaffen ist, das Unnütze aber schwer, und dass Gerstenbrot und Wasser die höchste Freude bereiten, wenn sie jemand zu sich nimmt, der heftigen Mangel an ihnen hatte. Wenn wir uns also an die einfache, nicht die luxuriöse Lebensweise gewöhnen, macht uns das gegenüber dem Schicksal furchtlos.

Menoikeus 130 f.

Ein Zufall ereilt den Weisen nur in Bezug auf etwas Unbedeutendes. Die bedeutendsten und entscheidendsten Dinge hat sein Verstand geregelt, regelt sie, während seine Lebenszeit voranschreitet, und wird sie regeln.

Kyriai Doxai 16

Wer sich auf die Unsicherheit der äußeren Einflüsse bestmöglich vorbereitet hat, dem ist das Mach-

bare eng vertraut, das Unmögliche aber zumindest
nicht fremd.

Kyriai Doxai 39

Nur der Weise kann, wenn er von allen leeren Meinungen und Irrtümern hinsichtlich der Grenzen
seiner Natur befreit und erlöst ist, ohne Kummer
und ohne Furcht ein zufriedenes Leben führen.

Cicero, fin. 1,44

Daher raten die Philosophen dazu, nicht darüber
nachzusinnen, wie etwas Notwendiges zu besorgen
ist, sondern vielmehr, wie wir unbesorgt sein können, wenn es nicht vorhanden ist.

Porphyrios, ad Marc. 28

Die gemeine Seele wird zwar von einem glücklichen Gelingen erhoben, von Missgeschicken aber
niedergerissen.

Gnomol. Cod. Par. 1168 f. 115

Wir wollen weder das Fleisch als Ursache der großen
Übel anklagen noch die schwer zu ertragenden
Dinge auf äußere Umstände schieben. Vielmehr

wollen wir die Ursachen für sie in uns selbst suchen, und zwar indem wir jede vergebliche Begierde und Hoffnung nach irgendwelchen vergänglichen Dingen auslöschen und ganz in uns gehen.

Porphyrios, ad. Marc. 29

Die Weisheit erweist sich uns als sicherste Führerin zur Lust. Denn sie allein vertreibt die Traurigkeit unserer Seele.

Cicero, fin. 1,43

Mir scheint, dass im Leben jenes Gesetz zu befolgen ist, das bei den Gastmählern der Griechen gilt. Es lautet: »Man muss entweder trinken oder weggehen«, und das zu Recht. Entweder soll man nämlich die Lust des Gelages in der Gesellschaft mit anderen genießen oder man soll sich, damit man nicht nüchtern den Übermut der Betrunkenen ertragen muss, vorher entfernen. Ebenso soll man auch die Ungerechtigkeiten des Schicksals, wenn man sie nicht ertragen kann, vermeiden, indem man sich ihnen entzieht.

Cicero, Tusc. disp. 5,118

Entweder ist jemand aufgrund einer Furcht oder aufgrund einer grenzenlosen und sinnlosen Begierde unglücklich; wer diese Dinge in den Griff bekommt, kann sich die glückselige Vernunft erschließen.

Porphyrios, ad Marc. 29

Das Glückliche und Selige beruht weder auf einem immensen Vermögen noch auf glänzenden Taten, nicht auf irgendwelchen Ämtern und auch nicht auf Macht, sondern auf der Freiheit von Kummer, auf der Ruhe vor Schmerzen und auf einer Disposition der Seele, die die Grenzen unserer Natur erkennt.

Plutarch, mor. 37A

Sechstes Kapitel
LEBEN UND TOD

Das schauderhafteste aller Übel, der Tod,
hat für uns also keine Bedeutung. Denn
solange wir ja da sind, ist der Tod nicht
da, wenn aber der Tod da ist, werden wir
nicht mehr da sein.

Menoikeus 125

Gewöhne dich an den Gedanken, dass der Tod uns in keiner Weise betrifft; denn alles Gute und Üble liegt in der Wahrnehmung; der Tod aber bedeutet, der Wahrnehmung beraubt zu werden. Daher lässt uns die rechte Erkenntnis, dass der Tod uns in keiner Weise betrifft, die Endlichkeit des Lebens genießen. Denn statt uns eine unbegrenzte Zeit zuzuteilen, nimmt uns diese Erkenntnis die Sehnsucht nach der Unsterblichkeit. Nichts im Leben ist nämlich schrecklich für denjenigen, der im Geiste vollständig erfasst hat, dass nichts Schreckliches darin liegt, nicht zu leben. Daher hat derjenige eine haltlose Einstellung, der angibt, nicht deshalb den Tod zu fürchten, weil er ihn zu der Zeit belasten werde, wenn er da ist, sondern weil der Tod ihn dadurch bedrücke, dass er künftig sein wird. Was uns nämlich nicht zur Last fällt, wenn es zugegen ist, bedrückt uns grundlos, solange es noch aussteht.

Menoikeus 124 f.

Der Tod hat für uns keine Bedeutung: Was vergangen ist, besitzt keine Wahrnehmung. Und was keine Wahrnehmung besitzt, hat für uns keine Bedeutung.

Kyriai Doxai 2

Der Weise aber entzieht sich weder dem Leben noch fürchtet er sich davor, nicht zu leben. Denn weder ist ihm das Leben zuwider noch meint er, dass es ein Übel sei, nicht zu leben. Wie er aber bei den Speisen keineswegs das meiste, sondern das Wohlschmeckendste für sich auswählt, so bezieht er auch nicht aus der längsten, sondern aus der angenehmsten Lebenszeit seine Freude.

Menoikeus 125 f.

Denke über den Tod nach. Es ist etwas Großartiges, den Tod zu erlernen.

Seneca, ep. 26,8

Manche Menschen sorgen sich ihr Leben hindurch um die Dinge zum Leben, ohne zu erkennen, dass in uns alle das tödliche Gift der Geburt eingespritzt ist.

Gnom. Vat. Ep. 30

Jeder tritt aus dem Leben, als sei er soeben geboren.

Gnom. Vat. Ep. 60

Die Epikureer treten denen entgegen, die das Trauern, Weinen und Wehklagen um liebe Verstorbene verwerfen. Sie sagen, dass eine derartige Ungerührtheit der Seele, die ins Empfindungslose hi-

neinspiele, ihren Ursprung in einem anderen, noch
größeren Übel habe: in unmenschlicher Verrohung,
unmäßiger Eitelkeit und Wahnsinn. Es sei deshalb
besser, ein wenig zu leiden und zu trauern und –
beim Zeus! – auch feuchte Augen zu bekommen
und zu schluchzen.

Plutarch, mor. 1101A

So groß ist der Unverstand, ja sogar der Wahnsinn
der Menschen, dass einige aus Angst vor dem Tod
in den Tod getrieben werden.

Seneca, ep. 24,23

In jeder Hinsicht klein ist derjenige, der viele ver-
nünftige Gründe dafür hat, freiwillig aus dem
Leben zu scheiden.

Gnom. Vat. Ep. 38

Wer von einem jungen Mann fordert, schön zu
leben, von einem alten aber, schön zu sterben, der
ist ein Narr: nicht nur, weil das Leben als solches
wünschenswert ist, sondern auch deswegen, weil
die Beschäftigung damit, schön zu leben, und
damit, schön zu sterben, ein und dieselbe ist.

Menoikeus 126

Gegen alles andere kann man sich zwar Sicherheit verschaffen, gegenüber dem Tod aber bewohnen wir, alle Menschen, eine Stadt ohne Mauern.

Gnom. Vat. Ep. 31

Wenn irgendetwas geschieht, das uns den Tod zu bringen scheint, dann lasst uns überlegen, wie viel wahrscheinlicher andere Gründe wären, die wir nicht fürchten: Ein Feind hat jemanden mit dem Tod bedroht – ein verdorbener Magen kam ihm zuvor.

Seneca, ep. 30,16

Die Aussage Epikurs, dass sich die Seele auflöst, wodurch die Angst vor dem Tod endet, beseitigt den Argwohn vor unaufhörlichen und unbegrenzten Übeln und führt zur Erlösung.

Plutarch, mor. 1106D

Am glückseligen Tag meines Lebens, der mein Todestag ist, schreibe ich euch diese Zeilen: Er ist begleitet von Harnleiden und Koliken, deren Ausmaß unmöglich größer sein könnte. Aber all dem steht die Freude meines Geistes angesichts der Erinnerung an unsere gemeinsamen Unterredungen gegenüber.

An Idomeneus

Gedenke: Durch deine Natur bist du zwar sterblich und hast eine begrenzte Zeit zugeteilt bekommen, aber durch dein Nachdenken über die Natur bist du zur Unendlichkeit und zur Ewigkeit emporgestiegen und erkanntest »was ist, was sein wird und was war«.

Gnom. Vat. Ep. 10 mit Homer, Ilias 1,70

Siebtes Kapitel

PHILOSOPHIE UND ERKENNTNIS

*Der edle Mensch kümmert sich am
meisten um Weisheit und Freundschaft.
Letztere ist ein vergängliches Gut, erstere
aber ein unsterbliches.*

Gnom. Vat. Ep. 78

Bei allen anderen Beschäftigungen kommt der Ertrag mit Mühe, wenn man sie vollendet hat, bei der Philosophie aber gehen Erkennen und Freude miteinander einher. Denn der Genuss ist nicht die Folge des Verstehens, sondern Verstehen und Genuss geschehen gleichzeitig.

Gnom. Vat. Ep. 27

Das Entstehen des höchsten Gutes und sein Genuss fallen auf denselben Zeitpunkt.

Gnom. Vat. Ep. 42

Ich rufe dazu auf, unablässig der Naturphilosophie nachzugehen, und finde vor allem in einem solchen Leben meine innere Ruhe.

Herodotos 37

Ich persönlich möchte lieber offen Naturphilosophie betreiben und das verkünden, was allen Menschen hilft, selbst wenn es keiner hören will, als den leeren Meinungen beizustimmen, um dann das gewaltige Lob zu ernten, das aus der Menge ertönt.

Gnom. Vat. Ep. 29

Niemals habe ich begehrt, der Menge zu gefallen. Denn was ihr gefiel, habe ich nicht gutgeheißen; aber das, was ich wusste, lag weit außerhalb ihrer Vorstellungskraft.

Gnomol. Cod. Par. 1168 f.

Gewiss nicht in jedwedem Körper und auch nicht in jedwedem Volk kann ein Weiser entstehen.

Diogenes Laertios 10,117

Wer einmal weise geworden ist, kehrt nicht mehr in den gegenteiligen Zustand zurück. Er würde nicht einmal so tun als ob.

Diogenes Laertios 10,117

Epikur sagt, dass einzig ein Weiser einen Weisen erkennen kann.

Aet. 4,9,19

Die Verehrung des Weisen ist ein bedeutendes Gut – für denjenigen, der ihn verehrt.

Gnom. Vat. Ep. 32

Die Naturphilosophie bringt weder Prahler hervor noch Wortkünstler noch Menschen, die mit einer solchen Bildung prunken, wie sie von der Menge bestaunt wird, sondern selbstbewusste und selbstgenügsame Persönlichkeiten, die auf ihre eigenen Werte, nicht auf ihre Vermögenswerte stolz sind.

Gnom. Vat. Ep. 45

In einer sachlichen Auseinandersetzung kann der Unterlegene mehr erreichen, insofern er etwas hinzulernen kann.

Gnom. Vat. Ep. 74

Der Weise ist gerne Zuschauer und erfreut sich an dionysischen Gesängen und Schauspielen. Künstlerischen Streitfragen und gelehrten Überlegungen von Kritikern gibt er jedoch nicht einmal beim Trinkgelage Raum.

Plutarch, mor. 1095C

Der Weise wird so weit für seinen guten Ruf sorgen, dass er nicht verachtet wird.

Diogenes Laertios 10,120

Auch wenn der Weise gefoltert wird, sei er glückselig ... Im Moment der Folter stöhne und jammere er freilich.

Diogenes Laertios 10,118

Epikur sagt, dass der Weise, wenn er im Stier des Phalaris verbrannt werde, ausrufe: Es ist lustvoll und berührt mich nicht.

Seneca, ep. 66,18

Behaupten ebenjene, die alles nach Lust und Schmerz beurteilen, etwa nicht, dass der Weise stets mehr von dem habe, was er wolle, als von dem, was er nicht wolle?

Cicero, fin. 5,93

Der unserer Natur gemäße Reichtum ist sowohl begrenzt als auch leicht zu beschaffen, Reichtum aber, wie ihn die leeren Meinungen verstehen, erstreckt sich ins Unendliche.

Kyriai Doxai 15

Man darf nicht nur vorgeben zu philosophieren, sondern man muss wirklich philosophieren. Wir bedürfen ja auch nicht des Anscheins, gesund zu sein, sondern müssen tatsächlich gesund sein.

Gnom. Vat. Ep. 54

Nutzlos ist die Lehre eines Philosophen, die für keinen menschlichen Schmerz Heilung bringt. Wie nämlich die Heilkunst nichts nützt, wenn sie nicht die Krankheiten aus den Körpern vertreibt, so nützt auch die Philosophie nichts, wenn sie den Schmerz nicht aus der Seele vertreibt.

Origenes, c. Cels. 7,66

Du bist in deinem hohen Alter so, wie ich es mir lobe. Insbesondere unterscheidest du nämlich dazwischen, was es heißt, für sich selbst zu philosophieren, und was es bedeutet, für Hellas zu philosophieren. Ich freue mich mit dir!

Gnom. Vat. Ep. 76

Wie wir nämlich die ärztliche Wissenschaft nicht der Kunst als solcher wegen gutheißen, sondern der Gesundung wegen, und wie die Kunst des Steuermanns, der sich bestens aufs Navigieren versteht, wegen ihres Nutzens und nicht wegen der Kunstfertigkeit gelobt wird, so würde man die Weisheit – die man sich als die Kunst, richtig zu leben, denken muss – nicht erstreben, wenn sie nichts bewirken würde. Nun erstrebt man sie aber, weil sie gleichsam die Kunst des Aufspürens und Erwerbens von Lust ist.

Cicero, fin. 1,43

Wenn wir sehen, dass das Leben insgesamt durch Irrtum und Unwissenheit in Unordnung gebracht wird, und dass es einzig die Weisheit ist, die uns Sicherheit vor dem Ansturm der Begierden und dem Schrecken der Ängste bietet und uns sogar die Ungerechtigkeiten des Schicksals mit Gelassenheit zu ertragen lehrt und uns alle Wege aufzeigt, die zu Ruhe und Frieden hinführen, warum sollten wir dann zögern zu sagen, dass einerseits die Weisheit um des Lustempfindens willen zu erstreben ist und dass man andererseits der Unwissenheit aufgrund der mit ihr verbundenen Beschwerlichkeiten entgehen muss?

Cicero, fin. 1,46

Jemand kann sich unmöglich von seinen Ängsten bezüglich der grundlegendsten Sachverhalte befreien, wenn er die Natur des Universums nicht erkennt, vielmehr aber solche Dinge befürchtet, wie sie in den Mythen zum Ausdruck gebracht werden. Daher wäre es auch unmöglich, ohne die Naturphilosophie unbeschwerte Lustempfindungen zu erlangen.

Gehe insbesondere fest davon aus, dass der Erkenntnisgewinn über die meteorologischen und astronomischen Phänomene – ob sie nun zusammen mit anderen Themen oder isoliert besprochen werden – kein weiteres Ziel außer der Gemütsruhe und fester Zuversicht verfolgt.

Es würde nichts nützen, sich in Bezug auf seine Mitmenschen Sicherheit zu verschaffen, solange zugleich die meteorologischen und astronomischen Phänomene sowie das, was unter der Erde und schlechthin in der Unendlichkeit existiert, ein steter Quell der Furcht ist.

Wer, meinst du, ist stärker als derjenige, der voller Ehrfurcht an die Götter denkt, der dem Tod in jeder Hinsicht furchtlos gegenübersteht, der das Ziel unseres Seins gedanklich erfasst hat und der versteht, dass das Höchstmaß des Guten sowohl leicht zu erfüllen als auch leicht zu bekommen ist, dass beim Höchstmaß des Schlechten aber Dauer und Leid knapp bemessen sind, und der auch das Schicksal verlacht, das einige als Herrin über alles eingeführt haben, und sich vielmehr selbst als Verantwortlichen für sein Tun ansieht, weil er erkennt, dass manches zwar notwendig eintritt, manches aber aus Zufall geschieht und wiederum anderes von uns selbst herrührt, wobei dieser Mensch zugleich sieht, dass die Notwendigkeit jeder Verantwortung entbehrt, der Zufall unstet, aber dasjenige, was von uns kommt, frei ist, weshalb sich auch nur daran der Tadel und dessen Gegenteil anschließt?

Menoikeus 133

Wenn die Argwöhnungen bezüglich der meteorologischen und astronomischen Phänomene und bezüglich des Tods, als würde er für uns irgendeine Bedeutung besitzen, schließlich auch die fehlende Erkenntnis unserer Grenzen bei Schmerzen und Begierden keine Belastungen für uns wären, würden wir wohl kaum der Naturphilosophie bedürfen.

Kyriai Doxai 11

Solange wir das Wesen der Welt nicht erkennen, können wir in keiner Weise die Urteile verteidigen,

zu denen wir anhand unserer sinnlichen Wahrnehmung kommen. Freilich entstammt alles das, was
unser Verstand erforscht, voll und ganz unseren
Sinneseindrücken. Folglich dürfte man nur dann,
wenn diese allesamt wahr sind – und genau das
lehrt die Schule Epikurs –, überhaupt irgendetwas
erkennen und wahrhaft erfassen können.

Diejenigen hingegen, die genau dies mit der
Behauptung abstreiten, durch die Sinne könne
nichts erfasst werden, sind noch nicht einmal in der
Lage, dasjenige darzulegen, was sie eigentlich
besprechen wollen, da die sinnliche Wahrnehmung
doch von ihnen zurückgewiesen wird. Zudem wird
durch dieses Abstreiten von Erkenntnis und Wissenschaft jede Lehre annulliert, die sich darauf
bezieht, wie man sein Leben führen und was man
tun solle.

Aus der Naturphilosophie hingegen bezieht man
Stärke gegenüber der Angst vor dem Tod, Stand-
haftigkeit gegenüber der Angst vor den Göttern,
zudem seelischen Frieden, weil die Unkenntnis
über das Verborgene in seiner Gesamtheit behoben
wird, und schließlich Selbstbeherrschung. Denn
das Wesen der Begierden und ihrer Formen wird
geklärt und die Richtschnur der Erkenntnis sowie
das in seiner Folge getroffene Urteil ermöglichen
die Unterscheidung des Wahren vom Falschen.

Cicero, fin. 1,64

Kümmere dich Tag und Nacht um diese Dinge und um das, was damit zusammenhängt: im Interesse deiner selbst sowie derjenigen, die dir ähnlich sind, und du wirst niemals, weder wachend noch im Schlaf, in Unruhe geraten, vielmehr wirst du wie ein Gott unter Menschen leben.

Menoikeus 135

Träume besitzen weder eine göttliche Natur noch mantische Kraft, sondern sie entstehen infolge des Eindringens von Schattenbildern.

Gnom. Vat. Ep. 24

Achtes Kapitel

DAS WESEN DER NATUR

In seinem Werk »Die Richtschnur«
schreibt Epikur, dass nur die Wahrnehmung,
die Erfahrungen über Wahrgenommenes und
die Gefühle Kriterien der Wahrheit seien.

Diogenes Laertios 10, 31

Wenn du eine Wahrnehmung einfach verwirfst und keinen Unterschied machst zwischen einer noch zu bestätigenden Vermutung und demjenigen, was unmittelbar durch Wahrnehmung, Empfindung oder einen in sich stimmigen Gedankenentwurf Bestätigung findet, dann wirst du aufgrund solcher leeren Meinungen auch deine sonstigen Wahrnehmungen durcheinander bringen, sodass du jede Instanz verwirfst, mit der ein Urteil getroffen werden kann. Wenn du aber in deinen mutmaßenden Erwägungen die Dinge rundweg für gewiss erklärst, ob sie nun auf Bestätigung noch warten oder nicht, wirst du ein Opfer der Täuschung werden. Denn in Bezug auf jedes Urteil von richtig oder falsch wird dich jeder nur mögliche Zweifel befallen.

Kyriai Doxai 24

Wenn du gegen alle Wahrnehmungen kämpfst, wirst du keinen Bezugspunkt haben, nach dem du diejenigen Wahrnehmungen beurteilen kannst, die du für falsch erklärst.

Kyriai Doxai 23

Widme dich selbst vor allem der wissenschaftlichen Betrachtung: bezüglich der Naturprinzipien, bezüglich der Unendlichkeit und allem, was damit zusammenhängt, auch bezüglich unserer Urteilsinstanzen und unserer Empfindungen – und auch bezüglich dessen, warum wir all dies eingehend betrachten. Vor allem, wenn du diese Dinge im Zusammenhang untersuchst, wird es dir leicht fallen, die Prinzipien der Dinge im Einzelnen zu erkennen.

Pythokles 116

Epikur grüßt Herodot.

Mein lieber Herodot, nicht jeder kann all meine Einzelschriften über die Natur durcharbeiten und möchte auch nicht die ziemlich umfangreichen Übersichtswerke darüber durchgehen. Diesen Leuten stelle ich hier eine kurze Zusammenfassung der grundlegenden Lehren bereit, damit sie diese möglichst leicht im Gedächtnis behalten und sich in jeder Lage zumindest mit den wichtigsten Gedanken behelfen können – soweit sie sich jedenfalls mit der Naturphilosophie auseinandersetzen. Und für die Fortgeschrittenen, die einen guten Einblick in das Ganze haben, ist als Erinnerungsstütze ein fundamentaler Grundriss des gesamten System notwendig.

Den Zugriff auf das Ganze benötigen wir nämlich immer wieder, aber denjenigen auf Einzelaspekte nicht im selben Maße.

Die Besinnung auf die wesentlichen Grundlagen ist also immer wieder erforderlich. Deshalb müssen diese im Gedächtnis so verankert sein, dass durch das elementare Verständnis der Dinge auch die präzise Klärung einzelner Aspekte möglich wird. Und das geht nur, wenn man das Wesentliche richtig verstanden und es sich gut eingeprägt hat.

Denn auch für den Fachmann ist dies das Entscheidende für eine genaue Klärung jeder einzelnen Angelegenheit: Dass er nämlich eine scharfsinnige Untersuchung auf Basis der richtigen Prinzipien und Begriffe unternehmen und die Einzelheiten dazu in Beziehung setzen kann. Es ist nämlich gar nicht möglich, sämtliche einzelnen Dinge und ihre Beziehungen untereinander zu kennen – außer wenn man imstande ist, alles mit Hilfe elementarer Prinzipien in sich aufzunehmen und diese Prinzipien dann auch zutreffend auf einzelne Aspekte anzuwenden.

Dieser Weg ist nützlich für all diejenigen, die in der Naturphilosophie zu Hause sind – ich selbst rufe ja zu ständiger Beschäftigung mit der Naturphilosophie auf und habe in diesem Leben meinen tiefen Frieden gefunden. Deshalb habe ich folgende Zusammenfassung der wichtigsten Elemente all meiner Lehren erstellt.

Als Erstes, mein lieber Herodot, müssen wir erfassen, was den Wörtern zugrunde liegt, damit wir einen Bezugspunkt haben, anhand dessen wir unsere Vermutungen, Fragen und Probleme beurteilen können, damit sich nicht alles ohne jede Entscheidung im Endlosen verliert und wir nicht nur leere Worthülsen produzieren.

Es ist notwendig, bei jedem einzelnen Begriff dessen ursprüngliche Bedeutung zu erfassen, die keines Beweises mehr bedarf, wenn wir denn etwas haben wollen, anhand dessen wir eine Frage, ein Problem oder eine Meinung beurteilen können.

Wir müssen dazu alles anhand unserer Sinneseindrücke beobachten, und zwar schlicht und einfach indem wir uns der Sache zuwenden – sei es mit dem Verstand oder irgendeiner anderen Urteilsinstanz, ja auch mit den gerade vorherrschenden Gefühlen. Denn in ihnen haben wir etwas, mit dessen Hilfe wir das, was auf unser Urteil wartet und unklar ist, bezeichnen können. Und sobald wir das erfasst haben, können wir die unklaren Dinge auch betrachten.

Als erster Grundsatz gilt, dass nichts aus dem Nichts entsteht. Alles entstünde sonst nämlich aus Allem, ohne dass es dazu noch einen Auslöser bräuchte. Und wenn das, was verschwindet, ins Nichts vergehen würde, wäre wohl schon alles verschwunden, weil es nichts gäbe, in das es sich auflösen könnte.

Zudem war gewiss alles immer auf die Art, wie es jetzt ist, und wird auch immer so sein. Denn es gibt nichts, in dass es sich verwandeln könnte. Außer allem gibt es nämlich nichts, was in es hineinkommen und dadurch einen solchen Wechsel verursachen könnte.

Und gewiss besteht alles Sein aus Körpern und dem Leeren. Dass es nun zum einen in Form von Körpern existiert, bezeugt in Bezug auf sämtliche Dinge die Wahrnehmung selbst. Mit dem Verstand muss man aus ihr heraus auch das Unsichtbare erschließen, wie ich vorhin bereits sagte.

Wenn es nun das nicht gäbe, was wir das Leere und den Raum und die ungreifbare Natur nennen, hätten die Körper auch nichts, worin sie sein könnten oder wodurch sie sich so bewegen könnten, wie sich ihre Bewegung eben zeigt.

Außer Körpern und Leere gibt es aber nichts, auf das man vernünftig schließen könnte, weder durch die Wahrnehmung selbst noch durch Analogieschlüsse anhand dessen, was man wahrnimmt. Daher werden Körper und Leere als grundlegende Naturen erfasst und nicht als Dinge, denen ihre Eigenschaften zufällig oder wesenhaft zuteil sind.

Und gewiss gibt es unter den Körpern solche, die zusammengesetzt sind, und solche, aus denen wiederum andere zusammengesetzt sind. Letztere sind unteilbar und unveränderlich, damit nicht alles im Nichts untergeht, sie müssen außerdem stark genug sein, um selbst übrig zu bleiben, wenn sich die zusammengesetzten Körper auflösen, und des Weiteren müssen sie massiv sein, sodass es nichts gibt, in das sie sich auflösen könnten. Also müssen die grundlegenden Elemente der Körper unteilbar sein.

Außerdem ist das gesamte Sein mit Sicherheit unendlich. Denn das Endliche hat einen Endpunkt. Einen Endpunkt nimmt man aber in Bezug auf irgendetwas anderes wahr. Aber das gesamte Sein kann man nicht in Bezug auf ein weiteres Seiendes wahrnehmen. Daher, dass das gesamte Sein aber keinen Endpunkt haben kann, kann es auch nicht endlich sein. Dadurch, dass es nicht endlich ist, muss es wohl so sein, dass es unendlich ist und keine Grenze hat.

Und mit Sicherheit ist das gesamte Sein in zweifacher Hinsicht unendlich, nämlich sowohl in Bezug auf die Menge der Körper als auch in Bezug auf die Größe der Leere. Wenn die Leere nämlich unendlich wäre, die Körper ihrer Anzahl nach aber endlich, würden die Körper nirgendwo bleiben, sondern sich verstreut durch die unendliche Leere bewegen, weil es für sie nichts gäbe, was sie stabilisieren oder durch Aufprall bremsen könnte. Wenn aber das Leere begrenzt wäre, gäbe es für die unendlich zahlreichen Körper keinen Ort, an dem sie sich aufhalten könnten.

Des Weiteren sind die unteilbaren und vollen Körper, aus denen die Zusammensetzungen entstehen und in die sie sich wieder auflösen, in Bezug auf ihre Gestalt unfassbar vielfältig. Es könnten nämlich unmöglich so viele verschiedene Formen allesamt aus denselben Körpern zusammengesetzt sein. Und bei jeder einzelnen Art ist die Menge der gleichartigen Teilchen schlicht unendlich, ihre Formunterschiede aber sind nicht unendlich, sondern nur unfassbar zahlreich.

Die unteilbaren Körper sind ununterbrochen und ewig in Bewegung, wobei sich die einen weit voneinander entfernen, während die anderen auf der Stelle schwingen, wenn sie zufällig durch Verflechtung verbunden oder von derart verflochtenen Körpern umschlossen sind.

Die Natur der Leere, die jeden einzelnen unteilbaren Körper umgrenzt sorgt dafür, weil sie nicht imstande ist, einen Widerstand zu bieten. Und die Härte, die den unteilbaren Körpern zu eigen ist, verursacht bei einer Kollision einen Rückstoß, soweit die Verflechtungen jedenfalls entsprechende Gegenbewegungen infolge von Kollisionen zulassen.

Einen Anfang all dessen gibt es jedoch nicht, denn die unteilbaren Körper und die Leere sind ewig.

Indem man sich diese umfassende Aussage über das gesamte Sein einprägt, legt man eine geeignete Basis zum Verständnis der gesamten Natur.

Aber mit Sicherheit ist auch die Anzahl der Welten unendlich, sowohl solcher, die unserer ähnlich sind, als auch der unähnlichen. Denn die unteilbaren Körper die, wie soeben aufgezeigt, in unendlicher Menge vorhanden sind, treiben bis in die größte Ferne. Und diejenigen unteilbaren Körper, aus denen eine Welt entstehen oder von denen eine solche erschaffen werden kann, werden weder von einer einzigen noch von sonst einer begrenzten Zahl an Welten aufgebraucht – weder von all denen, die so sind wie unsere, noch von all denen, die anders als diese sind.

Daher steht einer unendlichen Menge an Welten nichts im Wege.

Außerdem gibt es auch Abdrücke, welche die gleiche Gestalt haben wie die massiven Körper, wobei sie sich aber aufgrund ihrer feinen Struktur bei weitem von den sichtbaren Dingen unterscheiden. Schließlich ist es ja nicht unmöglich, dass es in der Umgebung anderer Körper zu entsprechenden Ablösungen und so zu den Voraussetzungen für die Entstehung gekerbter und glatter Flächen kommt, und auch nicht, dass Abflüsse stattfinden, die jenen Zustand und jene Grundform bewahren, die sie zuvor an den festen Körpern ebenfalls hatten. Und diese Abdrücke bezeichnen wir als Bilder.

Diese Bilder bewegen sich durch den leeren Raum, ohne jedwede Kollision mit anderen, entgegenkommenden Körpern. Dadurch können sie jede auch nur erdenkliche Strecke in unfassbar kurzer Zeit zurücklegen. Körper nehmen Langsamkeit und Schnelligkeit nämlich dadurch an, dass es zu Kollisionen kommt beziehungsweise dadurch, dass Kollisionen ausbleiben.

In seiner Bewegung gelangt ein Körper freilich niemals gleichzeitig – damit meine ich jedwede Zeitdauer, die sich verstandesmäßig erfassen lässt – an mehrere verschiedene Orte. Das lässt sich nämlich nicht mit Verstand denken.

Und wenn ein Köper in fassbarer Zeit irgendwo ankommt, wo wir ihn wahrnehmen, so ist er, egal von welchem Ort der Endlosigkeit er aufgebrochen sein mag, doch nicht woanders als dort, wo wir die Bewegung seines Bildes wahrnehmen. Es kommt dabei nämlich zu einer Art Kollision, auch wenn wir die Geschwindigkeit der Bewegung bis zu diesem Punkt als ungehindert haben gelten lassen. Es ist wichtig, auch diesen Grundsatz genau zu behalten.

Des Weiteren gibt es aus dem gesamten Bereich der sinnlich wahrnehmbaren Dinge keinerlei Beweis gegen die These, dass die Bilder unübertreffliche Feinheit besitzen. Und deswegen besitzen sie auch eine unübertreffliche Geschwindigkeit, weil sie in ihrer unendlichen Menge allesamt eine entsprechend vorteilhafte Laufbahn nehmen, auf der ihnen nichts oder zumindest nur sehr wenig entgegenkommt, womit sie kollidieren könnten, während den unendlich vielen anderen Körpern sofort irgendetwas entgegenkommt, womit diese dann auch tatsächlich kollidieren.

Des Weiteren erfolgt das Entstehen der Bilder zusammen mit dem Gedanken an sie. Es ist näm-

lich so, dass von der Oberfläche der Körper ununterbrochen Teilchen abfließen, wobei dieser Ab-
gang jedoch aufgrund der gleichzeitigen Vermeh-
rung durch entsprechende hinzukommende Teilchen nicht ins Gewicht fällt.

Dieser Fluss bewahrt die Position und Ordnung
der unteilbaren Körper auf einem festen Objekt für
einen langen Zeitraum, auch wenn es bisweilen vor-
kommt, dass er durcheinander gerät, und so entstehen in der Natur manchmal schnell wechselnde
Bildkompositionen – denn sie brauchen nicht mit
räumlicher Tiefe ausgefüllt zu sein; darüber hinaus
gibt es aber diverse andere Entstehungsweisen der-
artiger Erscheinungen.

Nichts davon steht im Widerspruch zu unseren
sinnlichen Wahrnehmungen, wenn man bedenkt,
auf welche Weise unsere Wahrnehmung uns Sachverhalte und auf welche Weise sie uns Eindrücke
von allem, was außerhalb von uns selbst ist, übermittelt.

Notwendigerweise müssen wir auch der Meinung
sein, dass, wenn irgendetwas von dem, was außerhalb von uns selbst ist, in uns hineingelangt, wir
dann dessen Formen sehen und gedanklich erfassen.

Denn alle Dinge, die außerhalb von uns selbst
sind, könnten durch die Luft, die zwischen ihnen
und uns liegt, ihr eigenes Wesen in Bezug auf Farbe
und Form (selbst mithilfe irgendwelcher Strahlen

oder Strömungen, die von ihnen ausgehen und zu uns hingelangen) niemals so deutlich an uns übermitteln, wie es eben dadurch der Fall ist, dass bestimmte Abdrücke von ihnen zu uns gelangen, die diesen Gegenständen erstens sowohl in Farbe als auch in Form exakt entsprechen, die zweitens in ihrer Größe zu unserem Sehvermögen sowie zu unserem Verstand passen und die drittens eine schnelle Übertragung ermöglichen – und wie es eben dadurch der Fall ist, dass diese Abdrücke exakt aus diesem Grund die Abbildung eines einheitlichen und zusammenhängenden Körpers wiedergeben und den Eindruck des ursprünglichen Körpers dadurch ermöglichen, dass sie einen maßstabsgerecht von ihm ausgehenden Abdruck bewahren, was wiederum dadurch erleichtert wird, dass sie aus der Tiefe des festen Körpers durch eine entsprechende Schwingung unterstützt werden, die von den unteilbaren Körpern ausgeht.

Und egal was für eine Vorstellung wir von einer Sache entwickeln, indem wir entweder unseren Verstand oder unsere sinnliche Wahrnehmung auf diese richten – ganz gleich ob es sich nun um eine Form handelt oder um deren Eigenschaften: Diese Vorstellung ist absolut deckungsgleich mit der Form des festen Körpers und sie entsteht durch die andauernde Widerholung und Anhäufung des Bildeindrucks.

Jede Täuschung und jeder Irrtum basieren auf dem, was man noch zu Dingen hinzudenkt, die erst noch bestätigt (oder zumindest nicht widerlegt) werden müssen und dann doch nicht bestätigt (oder eben widerlegt) werden. Denn die Ähnlichkeit zwischen den Vorstellungen, die wir gewissermaßen durch ein Abbild aufnehmen oder die im Schlaf erscheinen oder die durch irgendwelche anderen Arten der gedanklichen Auseinandersetzung mit ihnen oder durch Nachdenken entstehen – also die Ähnlichkeit zwischen all diesen Vorstellungen einerseits und andererseits all dem, was man als wahr und seiend bezeichnet, ist dadurch gegeben, dass wir durch diese körperlichen Abdrücke einen Zugriff auf sie haben.

Einen Irrtum könnte es nun aber nicht geben, wenn wir nicht noch auf irgendeine andere Bewegung in uns selbst antreffen würden, die zwar mit dem gerade beschriebenen Zugriff verbunden ist, die aber doch eine gewisse Abweichung von ihm aufweist. Und wenn diese Bewegung nicht bestätigt oder sogar widerlegt wird, kommt es zum Irrtum; wenn sie aber bestätigt oder nicht widerlegt wird, erkennen wir die Wahrheit.

Und es ist wichtig, dass man gerade diesen Lehrsatz intensiv beachtet, damit weder die Urteilskriterien verloren gehen, die auf offenbaren Tatsachen basieren, noch der Irrtum alles durcheinander bringt, indem er sich im Gegenzug entsprechend verfestigt.

Mit Sicherheit entsteht auch das Hören durch irgendeinen Fluss, der von jedwedem Gegenstand ausgeht, der tönt oder schallt oder lärmt oder jedenfalls irgendeinen hörbaren Eindruck hervorruft. Dieser Fluss besteht aus gleichartigen Teilchen, die in alle Richtungen strömen, wobei sie in einer gewissen Wechselwirkung miteinander stehen und zugleich eine besondere Einheitlichkeit bewahren, welche auf den Körper zurückgeht, von dem sie ausgeströmt sind, und die meistenteils dessen Wahrnehmung verursacht – oder andernfalls doch zumindest deutlich macht, dass irgendetwas von außen gekommen ist.

Ohne irgendeinen von dort übertragenen Eindruck könnte eine so beschaffene Wahrnehmung nicht zustande kommen.

Demzufolge darf man also nicht annehmen, dass die Luft an sich durch den ausgesendeten Ton und auch nicht durch irgendwelche ähnlichen Erscheinungen geformt werde – dafür dass dies durch ihn mit ihr geschehen könnte, fehlt es nämlich an vielem.

Vielmehr muss man annehmen, dass ein Schlag, der ja auch in uns entsteht, wann immer wir einen Ton aussenden, einen Ausstoß irgendwelcher Teilchen bewirkt, die wiederum eine hauchartige Strömung hervorrufen, der geeignet ist, dass durch ihn ein akustischer Sinneseindruck in uns erregt wird.

Und man muss auch in Bezug auf den Geruchssinn der Auffassung sein, dass er ebenso wie der Gehörsinn niemals irgendeinen Sinneseindruck verursachen könnte, wenn es nicht irgendwelche Teilchen gäbe, die von Gegenständen ausgehen und diese maßgetreu wiedergeben – und schließlich unser Sinnesorgan reizen.

Dabei gibt es Teilchen, die so beschaffen sind, dass dies bei ihnen auf eine für uns irritierende und abstoßende Weise geschieht, aber auch solche, die unseren Geruchssinn ohne jede Irritation und in angenehmer Weise reizen.

Des Weiteren muss man in Bezug auf die unteilbaren Körper annehmen, dass sie nicht die Qualitäten der sichtbaren Dinge besitzen – außer Gestalt, Schwere, Größe und eben all dem, was notwendigerweise mit einer Gestalt wesenhaft verbunden ist. Denn jedwede Qualität kann sich verändern.

Die unteilbaren Körper aber können sich in keinerlei Hinsicht verändern. Denn wenn die zusammengesetzten Körper sich auflösen, ist es unabdingbar, dass irgendetwas übrig bleibt, das fest und unauflöslich ist. Denn nur das sorgt dafür, dass Veränderungen weder ins Nichts führen noch dass durch Veränderung aus dem Nichts Seiendes entsteht – sondern es sorgt es dafür, dass Veränderungen in Form von Umstellungen erfolgen, was am häufigsten der Fall ist, oder aber indem es an irgendwelchen Körpern zu Zuflüssen oder Abflüssen kommt.

Deswegen ist es notwendig, dass die Körper, die bei diesen Vorgängen anders angeordnet werden, ihrerseits unvergänglich sind und einerseits nicht die Natur desjenigen haben, was sich verändert, andererseits aber doch eigene Teilchen und Gestaltungen besitzen. Denn diese müssen ja auch notwendigerweise Bestand haben.

Auch wenn sich Gegenstände in unserem Wahrnehmungsbereich verändern, indem von ihnen etwas weggenommen wird, verhält es sich ja so, dass wir ihre Gestalt als das auffassen, was in ihnen erhalten bleibt. Aber anders als die Gestalt bleiben bei einer solchen Veränderung die Eigenschaften des Gegenstands nicht erhalten, sondern verschwinden aus dem gesamtem Körper.

Also sind jene Teilchen, die in dem Gegenstand zurückbleiben, hinreichend, um die Unterschiede der zusammengesetzten Körper hervorzubringen, da es ja in der Tat notwendig ist, dass irgendetwas übrig bleibt und nicht ins Nichtseiende verschwindet.

Darüber hinaus darf man nicht der Ansicht anhängen, dass bei den unteilbaren Körpern jede Art von Größe vorkomme – damit man nicht am Ende von der sinnlichen Wahrnehmung widerlegt wird. Man sollte aber durchaus die Auffassung vertreten, dass es gewisse Unterschiede in ihren Größen gibt. Denn unter dieser Prämisse kann man besser die Dinge erklären, die im Bereich unserer Empfindungen und Wahrnehmungen vor sich gehen.

Die Annahme, es gäbe jedwede Größe bei den unteilbaren Teilchen, bietet zum einen keine Vorteile bei der Erklärung der Unterschiede zwischen den Qualitäten, außerdem hätten uns dann schon längst unteilbare Teilchen begegnen müssen, die für das Augen sichtbar gewesen wären. Man beobachtet aber eben nicht, dass es zu so etwas kommen würde, und es ist auch nicht vorstellbar, wie ein unteilbarer Körper, der sichtbar wäre, entstehen könnte.

Des Weiteren darf man auch nicht annehmen, dass in einem Körper, der in seiner Ausdehnung begrenzt ist, unbegrenzt viele Teilchen sein könnten – oder Teilchen in jeder beliebigen Größe.

Daher muss man nicht nur verneinen, dass man die seienden Körper bis hin ins unendlich Kleine immer weiter zerteilen könne (damit wir nicht all dem, was wir bisher gesagt haben, den Gehalt nehmen und somit letzten Endes bei den zusammengesetzten Körpern gezwungen wären, seiende Teilchen gewissermaßen ins Nichts zu zwingen und damit zu verbrauchen) – sondern wir dürfen des Weiteren auch nicht annehmen, dass es bei den begrenzten Teilchen dazu kommen kann, dass sie in einen unbegrenzten oder einen kleineren Zustand übergehen.

Und wenn einmal jemand behauptet, dass unendlich viele Teilchen in irgendeinem begrenzten Körper vorhanden sind, oder auch Teilchen jedweder Art, lässt sich das mit vernünftigem Denken nicht in Einklang bringen. Denn wie sollte dieser Körper hinsichtlich seiner Größe dann noch begrenzt sein können?

Es muss schließlich klar sein, dass jedes dieser unendlich vielen Teilchen eine wie auch immer geartete Größe besitzt. Und wie groß diese jeweils auch immer sein mag, muss der Gesamtkörper in seiner Größe doch unendlich sein.

Es kann zudem nicht anders sein, als dass ein räumlich endlicher Körper eine Grenze hat, selbst wenn diese nicht als solche wahrgenommen werden kann, und dass man sich einen an diesen angrenzenden Körper ebenso vorstellen muss. Und somit gelangt man, indem man immer weiter vom einen zu seinem nächstgelegenen Körper fortschreitet, gedanklich schließlich zwangsläufig ins Unendliche.

Mit Blick auf den kleinsten Körper, den wir mit unserer sinnlichen Wahrnehmung erkennen können ist, ist folgendes zu bedenken: Weder ist er genau so beschaffen wie diejenigen Körper, an denen die beschriebenen Übergänge vor sich gehen, noch ist er in jeder Hinsicht vollkommen anders. Er besitzt vielmehr eine gewisse Gemeinsamkeit mit den sich verändernden Körpern, ermöglicht jedoch keine Unterscheidbarkeit seiner Teilchen.

Aber sooft wir auch annehmen, dass wir wegen dieser Entsprechungen und Gemeinsamkeiten etwas an diesem Kleinsten unterscheiden zu können – hier das eine, dort das andere – begegnen uns doch in Wirklichkeit zwangsläufig immer nur andere, ihm ähnliche Körper.

Wir betrachten also diese Körper in einer aufeinanderfolgenden Reihung, angefangen beim ersten, wobei diese Körper sich nicht alle an derselben Stelle befinden und mit ihren Teilen auch nicht Teile der jeweils anderen einnehmen, sondern schlichtweg mit ihrer jeweiligen Besonderheit eine ihnen eigene Strecke durchmessen – die größeren Körper unter ihnen eine größere, die kleineren hingegen eine kleinere. Man muss annehmen, dass sich auch die kleinsten unteilbaren Körper in Analogie dazu verhalten.

Denn es ist klar, dass diese sich in ihrer Kleinheit zwar von den mit unserer sinnlichen Wahrnehmung erfassbaren Körpern unterscheiden, aber diesen doch proportional ähnlich sind.

Dass die unteilbaren Körper eine Größe besitzen, haben wir ja gerade aufgrund der dort vorhandenen Analogie zu den kleinsten sinnlich wahrnehmbaren Körpern bewiesen, indem wir lediglich etwas Kleines auf etwas Großes übertragen haben.

Darüber hinaus muss man unabdingbar für die kleinsten und unteilbaren Körper aufgrund ihrer Besonderheit annehmen, dass sie gewissermaßen die Mindesteinheiten der großen Körper sind und somit den grundlegenden Maßstab für alle großen und kleinen Körper darstellen.

Das alles resultiert aus der rein gedanklichen Betrachtung der sinnlich unsichtbaren Dinge. Denn die vorhandenen Gemeinsamkeiten zwischen den kleinsten sichtbaren und den unsichtbaren, unveränderlichen Teilchen sind hinreichend dafür, diese Schlussfolgerungen zu erzielen, auch wenn es nicht möglich ist, dass die unveränderlichen Körper, etwa weil sie Bewegung besitzen, sich mit anderen vereinigen.

Kommen wir zu einem weiteren Punkt: Man kann nicht behaupten, dass es ein »Oben« oder ein »Unten« des Grenzenlosen gebe, als bestünde irgendwo ein äußerstes oberes oder äußerstes unteres Extrem.

Wir wissen freilich Folgendes: Wenn wir das, was sich über unserem Kopf befindet, wo immer wir uns gerade auch aufhalten mögen, ins Unendliche verfolgen würden, und wenn wir zugleich das, was sich unterhalb befindet, ins Unendliche weitergeführt denken, dann würde es uns doch niemals so erscheinen, als sei irgendetwas zugleich oberhalb und unterhalb desselben Bezugspunktes. Das lässt sich nämlich unmöglich vernunftvoll denken.

Demnach ist es also möglich, sich eine bestimmte Bewegung vorzustellen, die nach oben ins End-

lose gedacht ist, und eine eigenständige, davon dif-
ferenzierte Bewegung, die in gleicher Weise nach
unten gerichtet ist – wenn erstere, die von unserem
Kopf aus in den darüber befindlichen Raum führt,
auch unzählige Male an den Füßen von irgendwelchen Leuten vorbeiführen kann, die sich oberhalb
von uns befinden, oder wenn letztere, die von uns
aus nach unten führt, auch zahllose Male an den
Köpfen irgendwelcher Leute vorbeiführen kann,
die sich unterhalb von uns befinden. Denn insgesamt bleibt es nichtsdestoweniger bei der Vorstellung, dass die beiden einzelnen Bewegungen jeweils
in die einander entgegengesetzte Richtung bis ins
Unendliche verlaufen.

Darüber hinaus ist es mit Sicherheit unabdingbar,
dass alle unteilbaren Körper immer dann gleich
schnell sind, wenn sie sich durch den leeren Raum
bewegen, ohne dabei mit irgendetwas zusammen-
zustoßen.

Weder bewegen sich nämlich die schweren Exem-
plare dieser Teilchen schneller als die kleinen und
leichten – immer unter der Voraussetzung, dass sie
mit nichts anderem zusammenstoßen – noch
bewegen sich die kleinen schneller als die großen.
Denn sie bewegen sich allesamt auf einer ihnen
jeweils genau angemessenen Bahn, wenn jedenfalls
die genannte Voraussetzung erfüllt ist, dass nichts
mit ihnen kollidiert. Und das ist ganz unabhängig

davon, ob ihre Bahn nun beispielsweise durch einen Schlag nach oben verläuft, ob sie zur Seite hin bewegt werden oder ob sie, etwa durch ihre eigene Schwere, nach unten fallen.

Solange nur eine dieser Bewegungen anhält, genauso lange erfolgt diese mit der größten denkbaren Geschwindigkeit, bis dieser Körper mit etwas zusammenstößt – sei es dass ihm die Macht dieses Schlages von irgendwelchen äußeren Umständen aufgezwungen wird oder dass es aufgrund seiner eigenen Schwere dazu kommt.

Aber was nun die zusammengesetzten Körper angeht, so muss man sagen, dass unter ihnen einige schneller als andere sind, obwohl die unteilbaren Körper, aus denen sie bestehen, gleich schnell sind – nämlich deswegen, weil die unteilbaren Körper in ihnen sich innerhalb der kürzesten wahrnehmbaren Zeitspanne zu einem einzigen Ort hinbewegen (allerdings bewegen sie sich innerhalb der nur mit dem Verstand erschließbaren kleinsten Zeiteinheiten nicht auf einen einzigen Ort hin: Sie prallen vielmehr oft gegeneinander, bis sich daraus eine gemeinsame Bewegung in eine einheitliche Richtung entwickelt, die dann für die Wahrnehmung erkennbar ist).

Wenn man allerdings bei der Behandlung dieser den Sinnen verborgenen Vorgänge ergänzend vermutet, dass auch die nur mit dem Verstand erfassbaren Zeitspannen eine durchgängige Bewegung aufweisen würden, so ist diese Annahme aufgrund der erwähnten Bedingungen nicht wahrheitsgemäß. Denn alles das, was man sinnlich wahrnimmt oder mit unmittelbarem Zugriff des Verstandes erfasst, darf als wahr gelten. Sonst jedoch nichts.

Hieran anschließend ist es auf der Basis unserer sinnlichen Wahrnehmungen und Eindrücke – mit ihrer Hilfe erhalten wir nämlich höchstmögliche Gewissheit – an der Zeit, uns mit folgendem Sachverhalt zu befassen.

Die Seele ist ein Körper, der aus feinsten Teilchen besteht, und ist in den Gesamtorganismus eingestreut. Sie hat Ähnlichkeit mit einem Hauch, dem noch etwas Wärme beigemischt ist, wobei sie teils eher mit der Wärme, teils eher mit dem Hauch Gemeinsamkeiten aufweist.

Es gibt aber einen bestimmten Teil der Seele, der sich deutlich sowohl von der Wärme als auch dem Hauch unterscheidet, und zwar aufgrund seiner Feinheit, sodass er mit dem übrigen Organismus in noch stärkerer Verbindung steht. Deutlich machen das zum einen die Kraft, die von unserer Seele ausgeht, zum anderen aber auch die Empfindungen und die schnellen Bewegungen unserer Gedanken – und die Tatsache, dass wir, wenn wir all dies verlieren, sterben.

Abschließend müssen wir noch festhalten, dass die Seele die wichtigste Ursache für die sinnliche

Wahrnehmung ist. Aber darüber würde sie nicht verfügen, wenn sie von dem restlichen Organismus nicht auf irgendeine Weise zusammengehalten werden würde. Indem der übrige Organismus der Seele aber diese Möglichkeit bietet, die Ursache für die Wahrnehmung zu sein, hat er auch Anteil an dieser spezifischen Eigenschaft, allerdings nicht an allen Eigenschaften, welche die Seele besitzt.

Wenn der Körper von der Seele getrennt ist, besitzt er deshalb keine sinnliche Wahrnehmung mehr. Denn dieses Vermögen hat er nicht an und für sich besessen, sondern hatte es sich aus etwas anderem verschafft, das gleichzeitig mit ihm entstanden war. Und eben dieses andere hat durch die aus sich selbst entwickelte Kraft und mit Hilfe seiner Beweglichkeit in kürzester Zeit das sinnliche Wahrnehmungsvermögen ausgebildet und dem übrigen Organismus daran Anteil gegeben, und zwar – wie ich schon sagte – indem es diese Empfindungen aufgrund der direkten Nachbarschaft übermittelt bekam.

Deshalb wird die Seele, solange sie vorhanden ist, niemals ihre Wahrnehmungsfähigkeit verlieren, nur weil irgendein anderes Körperglied abgetrennt wird. Aber wie auch immer sie mitvernichtet wird, wenn der sie zusammenhaltende Körper sich auflöst – sei es zur Gänze oder zu einem gewissen Teil – so bewahrt die Seele doch, sofern irgendetwas von ihr erhalten bleibt, ihr Wahrnehmungsvermögen.

Wenn jedoch der übrige Organismus erhalten bleibt – sei es wiederum zur Gänze oder zu einem gewissen Teil – kann dieser keine Wahrnehmungsfähigkeit mehr besitzen, sobald dasjenige abgetrennt wird (wie groß oder klein es auch sein mag), was diejenige Menge an unteilbaren Körpern zusammenhält, die für das Wesen der Seele erforderlich sind.

Und mit Sicherheit zerstreut sich die Seele im selben Moment, in dem sich der Organismus als Ganzes auflöst, in alle Richtungen, verliert die Fähigkeiten, die ihr zuvor zu eigen waren, und bewegt sich nicht mehr. Demzufolge ist ihr dann auch kein Wahrnehmungsvermögen mehr zu eigen.

Denn es lässt sich unmöglich denken, dass unsere Seele noch wahrnehmungsbegabt ist (ohne sich ja in dem genannten organischen System zu befinden und ohne die erwähnte Bewegung auszuführen), sobald das, wovon sie zuvor zusammengehalten und geschützt wurde, nicht mehr so besteht wie jetzt, da sie sich in diesem Zusammenhalt befindet und die entsprechende Bewegung genießt.

Über das bereits Gesagte hinaus muss man noch den Gedanken berücksichtigen, dass wir in der normalen Umgangssprache dasjenige als körperlos bezeichnen, was nur »an und für sich« gedacht werden kann. An und für sich aber kann man sich das Körperlose nur als die Leere denken. Die Leere kann nämlich Handlungen weder ausführen noch von ihnen betroffen werden, vielmehr bietet sie lediglich den Körpern die Möglichkeit, sich durch sie hindurch zu bewegen.

Daher geben diejenigen leeres Geschwätz von sich, die behaupten, dass die Seele körperlos sei – denn sie könnte ja weder irgendetwas ausführen noch von irgendetwas betroffen werden, wenn sie das wäre. Genau diese beiden unterschiedlichen Eigenschaften erkennen wir der Seele aber doch in Wirklichkeit zu.

Wenn man nun all diese Ausführungen über die Seele auf die Empfindungen und die sinnlichen Wahrnehmungen bezieht – und dabei die eingangs gemachten Bemerkungen genau bedenkt – wird man feststellen, dass sie hinreichend in ihren Grundzügen zusammengefasst sind, um darauf aufbauend all ihre Einzelheiten zuverlässig und präzise zu erfassen.

Kommen wir nun zu den verschiedenen Eigenschaften wie Gestalt und Farbe, Größe und Gewicht, ja zu allem, was sonst noch für Aussagen über Körper getroffen werden können, als seien diese Eigenschaften ihnen für immer zuteil – ganz gleich ob es nun alle Körper betrifft oder nur die sichtbaren, die man mit Hilfe der sinnlichen Wahrnehmung als solche erkennen kann.

Diese Eigenschaften darf man nicht so beurteilen, als seien sie eigenständige Wesenheiten, denn das lässt sich nicht vernunftgemäß denken, andererseits aber auch nicht so, als ob sie etwa kein Sein besäßen, und auch wiederum nicht so, als ob sie irgendwelche anderen körperlosen Dingen wären, die an einem Körper als Zugabe haften, ebenfalls jedoch auch nicht so, als wären sie Teile von diesem.

Man muss diese Eigenschaften vielmehr so beurteilen, dass der Körper in seiner Gänze durch all dieses seine ihm eigene, ständige Natur besitzt; nicht so, als wäre es zu einem Ganzen zusammengetragen (wie wenn aus den Teilchen selbst ein größerer zusammengesetzter Körper entstünde, sei es aus den ursprünglichen Teilchen oder aus Körpern, das zwar schon größer als die ursprünglichen Teilchen, aber noch kleiner als das Ganze wären), sondern lediglich so, wie ich es meine, dass er aus all diesen zusammen seine ihm eigene, ständige Natur gewinnt. Und das, was mit spezifischen Eigenschaften erfasst werden kann, ist nur als Gesamtkörper so, solange also der Zusammenhalt des Ganzen gegeben ist und nichts davon abgetrennt wird, da es nur aufgrund seiner Erfassung als Gesamtheit in die Kategorie der Körper gezählt wird.

Vielfach fallen den Körpern natürlich auch Eigenschaften zu, die ihnen nicht dauerhaft zu eigen sind. Und diese Qualitäten zählen weder zu den nichtsichtbaren als noch zu den körperlosen Dingen. Wenn wir für sie daher, dem allgemeinen

Sprachgebrauch folgend, die Bezeichnung »zufällige« Eigenschaften verwenden, so machen wir dadurch Folgendes deutlich: Weder besitzen diese das Wesen des Ganzen, das wir ja in Bezug auf seine Gesamtheit als Körper bezeichnen, noch ist ihnen das Wesen solcher Eigenschaften zuteil, die einem Körper dauerhaft zu eigen sind und ohne die ein solcher Körper nicht denkbar ist.

Jede einzelne zufällige Eigenschaft dürfte sich mithilfe bestimmter Zugriffe wohl bezeichnen lassen, wenn sie am Gesamtkörper auftritt, aber eben nur dann, wenn man beobachtet, dass diese spezifische Eigenschaft tatsächlich auftritt, weil die zufälligen Eigenschaften nicht dauerhaft vorhanden sind.

Und diese offenbaren Tatsachen darf man nicht deswegen aus dem Bereich des Seienden verbannen, weil sie nicht das Wesen der Gesamtheit haben, an der sie auftreten (und die wir ja als Körper bezeichnen), oder weil sie nicht das Wesen derjenigen Eigenschaften haben, die diesem Ganzen dauerhaft zu eigen sind. Doch man darf von ihnen auch nicht annehmen, dass sie für sich allein bestehen – das wäre nämlich nicht vernunftgemäß denkbar, und zwar weder von diesen zufälligen Eigenschaften noch von den dauerhaften – sondern man muss sie allesamt so, wie sie eben offensichtlich sind, für zufällige Eigenschaften halten, die einem Körper eben nicht dauerhaft zu eigen sind und die auch nicht die Position eines für sich allein bestehenden Wesens haben, aber doch betrachtet werden können, auf welche Weise die sinnliche Wahrnehmung ihre Eigenart auch immer feststellt.

Es ist außerdem unabdingbar, zu allem Gesagten hinzu auch noch das Folgende intensiv zu bedenken: Dass man nämlich die Zeit nicht so untersuchen darf wie alles Übrige, das wir ja an irgendwelchen zugrundegelegten Objekten betrachten und dann auf irgendwelche in uns selbst bereits angelegten Vorstellungen beziehen. Vielmehr müssen wir in diesem Fall die offenbare Tatsache, entsprechend der wir von langer oder kurzer Zeitdauer sprechen, untersuchen und beide Dinge eng miteinander verbinden.

Man darf sich bei der Behandlung der Zeit aber keine Fachtermini ausdenken, als ob diese besser dazu geeignet seien, sondern müssen die Begriffe verwenden, die ohnehin schon dafür vorhanden sind. Ebensowenig darf man irgendetwas anderes über die Zeit aussagen, als ob man deren Wesen durch dessen Eigenheit berühren würde – denn genau das tun einige. Sondern wir müssen uns in allererster Linie darüber Gedanken machen, womit wir diese Besonderheit in Beziehung setzen und messen.

Nun ist für folgenden Sachverhalt kein Beweis, sondern lediglich eine Überlegung erforderlich:

Wir verbinden die Zeit mit Tagen und Nächten sowie deren Abschnitte, ebenso auch mit Erregung oder Gelassenheit, mit Bewegung oder Stillstand, indem wir bei all diesen Dingen als besondere zufällige Eigenschaft eben genau das bemerken, was wir Zeit nennen.

Über das bereits Gesagte hinaus muss man annehmen, dass die Welten und überhaupt alle begrenzten zusammengesetzten Körper, die einen durchgängig gleichen Aufbau wie die betrachteten Körper besitzen, aus dem Unendlichen entstanden sind, indem sie sich allesamt – sowohl die größeren als auch die kleineren unter ihnen – aus anderen Zusammensetzungen abgelöst haben. Und dass sie sich ebenfalls allesamt wieder auflösen werden, die einen schneller, die anderen langsamer, wobei manchen dies unter der, manchen unter jener Einwirkung widerfährt.

Des Weiteren braucht man aber nicht anzunehmen, dass die Welten notwendigerweise alle ein und dieselbe Gestalt besäßen. Vielmehr gleichen die einen einer Kugel, die nächsten hingegen einem Oval, und nochmals andere besitzen wiederum andere Konturen. Allerdings darf man nicht behaupten, dass sie jede beliebige Form besitzen können – oder dass sie Lebewesen seien, die sich aus dem Unendlichen abgesondert hätten. Und es dürfte sich auch nicht beweisen lassen, dass es zwar auf der einen so gearteten Welt Samen gibt, aus denen Tiere, Pflanzen und alles übrige, was man beobachten kann, entsteht, dass dies aber auf einer anderen, ebenso gearteten Welt nicht möglich wäre.

Des Weiteren ist auch festzustellen, dass auch die menschliche Natur in Bezug auf alles mögliche von den jeweiligen Umständen mal belehrt, mal zu Entwicklungen gezwungen worden ist. Und der Verstand hat dann später jeweils genauer untersucht, was ihm durch diese Umstände vermittelt worden war, und hat dann weitere diesbezügliche Entdeckungen gemacht – in manchen Angelegenheiten schneller, in anderen langsamer, zu manchen Zeiten erfolgreicher, in anderen Epochen weniger.

Und demgemäß sind auch die Namen der Dinge nicht von vornherein durch bewusste Festsetzung zustandegekommen. Vielmehr haben die einzelnen Menschen je nachdem, zu welchem Volk sie gehörten, spezifische Erfahrungen gemacht und spezifische Vorstellungen entwickelt. Und um sich mitzuteilen, stoßen sie unter dem Eindruck ihrer jeweiligen Erlebnisse und Vorstellungen die Luft ganz spezifisch aus – was eben auf den jeweils unterschiedlichen Lebensräumen der Völker beruht.

Später wurde dann durch den gemeinschaftlichen Umgang innerhalb jedes einzelnen Volks dessen spezifische Bezeichnungen festgesetzt, um missverständliche Wörter eindeutiger zu machen und um Ausdrücke zu ermöglichen, die zwar knapper, aber ebenso klar wie ihre Vorläufer waren.

Außerdem haben die Entdecker und Verkünder zuvor unerkannter Sachverhalte irgendwelche neuen Wörter eingeführt. Und während die einen Leute sich nur gezwungen sahen, diese Begriffe gewissermaßen nachzusprechen, haben andere sie darüber hinaus mit ihrem Verstand erfasst und so gedeutet, wie es ihnen am sinnvollsten schien.

Des Weiteren darf man auch bezüglich der Himmelskörper keinesfalls glauben, dass ihr Lauf, ihr Richtungswechsel, ihr Verschwinden, ihr Aufgang und Untergang und alles Vergleichbare sich in der jeweiligen Form vollziehe, weil irgendein Wesen es so veranlasse, das all dies ordne oder geordnet habe und zugleich in Ewigkeit die höchste Glückseligkeit besitze.

Und man darf ferner nicht annehmen, dass etwas, das aus zusammengeballtem Feuer besteht, die Glückseligkeit besitzen könne oder seine Bewegungen eigenen Wünschen gemäß vollziehe.

Es ist hingegen unabdingbar, bei jedem Wort, mit dem wir unsere Gedanken über sie äußern, ihre ganze Erhabenheit zu beachten, damit wir keine Eindrücke erwecken, die im Gegensatz zu ihrer Erhabenheit stehen. Sonst wird genau dieser Gegensatz zu größter Verwirrung in den Seelen führen. Deswegen muss man auch annehmen, dass bei der Entstehung des Kosmos, als die ersten Teilchenanballungen in Form von Gestirnen zurückblieben, auch die gesetzmäßige Bahn dieser Gestirne vollendet worden ist.

Des Weiteren muss man noch folgende Dinge annehmen: dass es erstens die Aufgabe der Naturphilosophie ist, die Gründe für die wichtigsten Dinge herauszufinden, und dass zweitens bei der entsprechenden Untersuchung der Himmelserscheinungen die Glückseligkeit genau damit zusammenfällt – insbesondere mit der Erkenntnis, welche Gesetzmäßigkeiten man bei den Himmelserscheinungen beobachten kann, dann aber auch mit all den Einsichten, die dazugehören, dies genau zu erfassen.

Darüber hinaus ist die Meinung zu vertreten, dass in solchen Fragen kein Platz ist für Ausdrücke wie »das ist auf mehrere Weisen denkbar« oder »es kann sich auch irgendwie anders verhalten«. Denn es kann bei einem unvergänglichen und glückseligen Wesen schlicht nichts geben, was Zwiespalt oder Unsicherheit hervorruft. Und das mit dem Verstand zu begreifen, ist simpel.

Was aber zur Erforschung von Aufgang und Untergang, Richtungswechsel, Finsternissen und all dem gehört, was damit zusammenhängt, hat nichts mehr mit der Glückseligkeit der Erkenntnis zu tun. Vielmehr können Leute, die sich damit auskennen, genauso gut Ängste haben, als ob sie keine

Kenntnisse darüber besäßen – denn sie wissen nicht, worin das Wesen dieser Erscheinungen besteht und was deren wichtigste Ursachen sind. Vielleicht haben sie sogar noch mehr Ängste – wenn sie nämlich auf der Basis ihres diesbezüglichen Wissens weitere Neugier hinsichtlich der Ordnung der wichtigsten Dinge entwickeln, diese aber nicht stillen können.

Auch wenn wir also mehrere mögliche Ursachen für all die Richtungswechsel, Aufgänge, Untergänge, Finsternisse und für weitere Vorgänge dieser Art – sowie dafür, wie diese im Einzelnen vor sich gehen – herausfinden, so dürfen wir dennoch nicht meinen, dass wir den für diese Angelegenheiten erforderliche Genauigkeit nicht in dem Maß erreicht hätten, der für unsere Unerschütterlichkeit und Glückseligkeit genügt.

Des Weiteren müssen wir, um die Ursachen für die Himmelserscheinungen und ebenso für alles Unsichtbare zu ermitteln, all dies mit vergleichbaren Dingen in Beziehung setzen, die bei uns auf diverse Weisen geschehen. Dabei dürfen wir diejenigen nicht beachten, die weder das, was sich auf genau eine Weise verhält oder zuträgt, noch das, was sich auf mehrere Weisen begeben kann, erkennen. Solche Leute verbreiten über die Erscheinungen lediglich das weiter, was sie aus der Ferne vernehmen und verstehen nicht, unter welchen Voraussetzungen man unmöglich unerschütterlich werden kann – und unter welchen Voraussetzungen es hingegen möglich ist.

Und wenn wir bei einem Vorgang den ungefähren Ablauf vermuten, dabei aber erkennen, dass er auf vielerlei Weisen ablaufen kann, werden wir genauso unerschütterlich sein, wie wenn wir genau wissen, dass er sich eben auf diese Art abläuft.

Zusätzlich zu dem Gesagten ist unabdingbar die Einsicht erforderlich, woraus die stärkste Verwirrung für die menschlichen Seelen resultiert – nämlich daraus, dass sie dasselbe Wesen einerseits für glückselig und unsterblich halten und ihm andererseits Wünsche, Handlungen und Motive zuordnen, die diesem Sachverhalt genau entgegengesetzt sind; dass sie aufgrund der Mythen irgendeinen unendlichen Schrecken erwarten oder argwöhnen; dass sie sogar die Empfindungslosigkeit im Totsein fürchten, als würde sie diese irgendwie betreffen; und dass sie all das nicht aufgrund bestimmter Vermutungen erleiden, sondern durch einen völlig unsinnigen Wahn, weshalb es bei ihnen – weil sie das Furchtbare nicht eingrenzen können – zu der gleichen oder noch heftigeren Verwirrung kommt, als wenn sie dasselbe mit einer gewissen Systematik vermuteten. Gefestigte Seelenruhe aber entsteht dadurch, dass man von all dem befreit ist und sich permanent an die allumfassenden und entscheidenden Prinzipien erinnert.

Deshalb muss man sich nach den jeweils vorhandenen Eindrücken und sinnlichen Wahrnehmungen richten – in allgemeingültigen Angelegenheiten nach denen, die allen Menschen zuteil werden, bei individuellen Fragen nach denjenigen, die einem persönlich widerfahren – sowie nach all dem, was anhand der jeweils gültigen Kriterien deutlich wird.

Wenn wir nämlich darauf achten, werden wir die genauen Gründe herausfinden, aus denen Erschütterung und Angst rühren. Und indem wir die Ursachen der Himmelserscheinungen und der damit jeweils zusammenfallenden Vorgänge aufdecken, werden wir uns von dem befreien, was die übrigen Leute zutiefst verängstigt.

Das, mein lieber Herodot, sind die wichtigsten Gedanken über die Natur der Welt, die ich für dich kurz zusammengefasst habe. Damit sind diese Ausführungen meiner Meinung nach zum präzisen Einprägen geeignet, sodass man, auch ohne in jeder Einzelfrage bis ins Detail vorgedrungen zu sein, einen gegenüber den übrigen Menschen unvergleichlichen Vorteil erreicht.

Anhand dieser Kurzfassung kann man auch viele Einzelfragen, die ich in meiner Gesamtdarstellung detailliert behandle, bereits eigenständig klären, und sie bietet eine fortwährende Hilfe, wenn man sie gut im Gedächtnis hält. Denn sie ist so beschaffen, dass einerseits diejenigen, die bereits viele Details hinreichend oder genau erforscht haben, auch die Gesamtheit der Natur erfassen können, indem sie ihr Einzelwissen in diese wichtigsten Grundsätze einordnen. Und andererseits können alle, die von solcher Vollendung noch weit entfernt sind, mit Hilfe dieser Ausführungen auch ohne mündlichen Unterricht im Geiste die wichtigsten Dinge durchgehen, die zur Seelenruhe führen.

Diogenes Laertios 10, 35–83

Neuntes Kapitel

GOTT UND DIE WELT

*Es ist sinnlos, etwas von den Göttern
zu erbitten, das man sich selbst
verschaffen kann.*

Gnom. Vat. Ep. 65

Wenn die Gottheit den Gebeten der Menschen Folge leisten würde, dürfte die Menschheit wohl ziemlich schnell zugrunde gehen, weil die Menschen ununterbrochen viel Schlimmes füreinander erbitten.

Gnomol. Cod. Par. 1168 f. 115r

Zu den Göttern zu beten – sagt Epikur in »Über die Lebensformen« – sei ein Ausdruck von Weisheit. Nicht etwa, weil die Götter Hass empfänden, wenn wir dies unterließen, sondern weil es eine logische Konsequenz aus der Vorstellung ist, dass die Götter Wesen sind, die uns an Kraft und Erhabenheit übertreffen.

Philodemos, de piet.

Der Epikureer entfernt sich von einem Opfer mit den Worten Menanders: »Ich brachte mein Opfer dar für Götter, die sich überhaupt nicht um mich scheren.« Denn Epikur meint, dass man sich auf diese Weise verstellen müsse – indem man etwas tut, worüber die Mitmenschen sich freuen, auch wenn man selbst es verabscheut –, um von der Menge nicht scheel angesehen zu werden oder sich gar ihren Hass zuzuziehen.

Plutarch, mor. 1102B

Gottlos ist nicht derjenige, der die Götter der Menge verwirft, sondern der den Göttern die leeren Meinungen der Menge anhängt. Denn die Äußerungen der Menge über die Götter sind keine begründeten Annahmen, sondern falsche Mutmaßungen.

Menoikeus 123 f.

Epikurs erster Lehrsatz war, dass Zorn mit Gott unvereinbar sei. Weil ihm dies wahr und unwiderlegbar erschien, konnte er die sich daraus ergebenden Schlussfolgerungen nicht umgehen. Denn nachdem diese eine Emotion ausgeschlossen worden war, war es unausweichlich nötig, der Gottheit auch die übrigen Emotionen abzuerkennen. Denn wer nicht zürnt, wird gewiss auch nicht von Gnade gerührt – die ja das Gegenstück zum Zorn ist. Und wenn in Gott schon weder Zorn noch Gnade existieren, dann erst recht nicht Furcht, Freude, Kummer oder Barmherzigkeit. Sämtliche Emotionen resultieren nämlich aus einem einzigen Beweggrund, aus einem einzigen Antrieb, der auf Gott aber nicht zutreffen kann. Wenn in Gott also keine Emotionen existieren – weil alles, was emotional berührt werden kann, schwach ist –, existiert in ihm demzufolge weder Sorge noch Fürsorge in Bezug auf irgendetwas.

Laktanz, De ira dei 4, 10–12

Als Erstes halte die Gottheit für ein unsterbliches und glückseliges Wesen, wie es die allgemeine Wahrnehmung über die Gottheit vorgibt, und hänge ihr daher nichts an, was entweder nicht zu ihrer Unsterblichkeit passt oder unter Berücksichtigung ihrer Glückseligkeit unangemessen ist: Nimm hingegen alles über sie an, was in Einklang mit ihrer mit Glückseligkeit verbundenen Unsterblichkeit steht.

Menoikeus 123

Ein glückseliges und unsterbliches Wesen kennt weder selbst Sorgen noch bereitet es einem anderen solche. Daher wird es weder von zornigen Ausbrüchen noch von Anwandlungen der Gnade ergriffen. Denn alles Derartige findet sich nur bei schwachen Wesen.

Kyriai Doxai 1

Gott, sagt Epikur, will entweder das Böse beseitigen und kann es nicht, oder er kann es und will es nicht, oder er will es nicht und kann es auch nicht, oder er will es und kann es auch. Wenn er es will und nicht kann, ist er schwach, was auf Gott nicht zutrifft. Wenn er es kann und nicht will, ist er missgünstig, was ebenfalls nicht zu Gott passt. Wenn er es weder will noch kann, ist er sowohl missgünstig als auch schwach und infolgedessen kein Gott. Wenn er es

sowohl will als auch kann, was allein auf Gott zutrifft, woher kommt dann das Böse? Oder warum
beseitigt er es nicht?

Laktanz, De ira dei 13, 20–22

Es ist unabdingbar nötig, zu verstehen, dass die
stärkste Verwirrung für die menschlichen Seelen aus
Folgendem resultiert: dass sie dasselbe Wesen einerseits für glückselig und unsterblich halten und ihm
andererseits Wünsche, Handlungen und Motive
zuordnen, die diesem Sachverhalt genau entgegengesetzt sind; dass sie aufgrund der Mythen irgendeinen unendlichen Schrecken erwarten oder argwöhnen; dass sie sogar die Empfindungslosigkeit im
Totsein fürchten, als würde sie diese irgendwie betreffen; und dass sie all das nicht aufgrund bestimmter Vermutungen erleiden, sondern durch einen völlig unsinnigen Wahn, weshalb es bei ihnen – weil sie
das Furchtbare nicht eingrenzen können – zu der
gleichen oder noch heftigeren Verwirrung kommt,
als wenn sie dasselbe mit einer gewissen Systematik
vermuteten. Gefestigte Seelenruhe aber entsteht
dadurch, dass man von all dem befreit ist und sich
permanent an die allumfassenden und entscheidendsten Prinzipien erinnert.

Herodotos 81 f.

Das Leben der Götter ist natürlich so beschaffen, dass man sich kein anderes vorstellen kann, welches glückseliger und reicher an allen Gütern wäre. Denn die Gottheit betreibt nichts, ist in keine Geschäfte verwickelt und setzt keine Werke in Bewegung, sondern erfreut sich an ihrer göttlichen Weisheit und Vollendung in der Gewissheit, dass ihr immer sowohl die größte als auch vor allem ewige Lust zuteil sein wird.

Nehmen wir an, in der Welt selbst existiere irgendein Gott, der herrscht und lenkt und den Lauf der Sterne, den Wechsel der Jahreszeiten, den Wandel und die Ordnung der Natur überwacht und die Länder und Meere beobachtet, um die Interessen und das Leben der Menschen zu behüten – wäre ein solcher Gott etwa nicht in beschwerliche und mühsame Aufgaben verwickelt? Wir verstehen unter dem glückseligen Leben aber die Sorglosigkeit der Seele und das Freisein von allen Aufgaben.

Cicero, nat. deor. 1, 51–53

Man darf bezüglich der Himmelskörper keinesfalls glauben, dass ihr Lauf, ihr Richtungswechsel, ihr Verschwinden, ihr Aufgang und Untergang und alles Vergleichbare sich in der jeweiligen Form vollziehe, weil irgendein Wesen es so veranlasse, das all dies ordne oder geordnet habe und zugleich in Ewigkeit die höchste Glückseligkeit besitze. Und man darf ferner nicht annehmen, dass etwas, das

aus zusammengeballtem Feuer besteht, die Glückseligkeit besitzen könne oder seine Bewegungen
eigenen Wünschen gemäß vollziehe.

Herodotos 76 f.

Ebenso darfst du unmöglich glauben, dass die hei-
ligen Sitze der Götter in irgendeinem Teil der Welt
liegen. Denn die Daseinsform der Götter ist gleichsam unkörperlich und unseren Sinnen weit ent-
rückt und sie kann ferner mit den Möglichkeiten
unseres Geistes kaum wahrgenommen werden.
Weil sie selbst mit Händen weder berührt noch ge-
schlagen werden können, ist es den Göttern ihrerseits gänzlich verwehrt, etwas anzurühren, was wir
berühren können. Was selbst nämlich Berührungen
verwehrt, kann auch nichts berühren.

Lukrez, rer. nat. 5,146–152

Epikur lehrt, dass die wesenhafte Natur der Götter
darin bestehe, dass sie erstens nicht sinnlich, sondern nur gedanklich wahrgenommen werden können und dass sie zweitens keinerlei Körperlichkeit
besitzen und auch nicht zählbar sind – also anders
als das, was er wegen seiner Körperlichkeit als »Ste-
rémnia«, nämlich »Festes«, bezeichnet. Vielmehr
nehmen wir sie durch ineinander übergehende Bilder von großer Ähnlichkeit wahr.

Wenn unser Geist sich auf diese Bilder richtet und unser Verstand sie fixiert, erkennen wir mit den größten Lustempfindungen die Natur sowohl des glückseligen als auch des ewigen Wesens.

Cicero, nat. deor. 1,49

Zwei Arten von Glückseligkeit lassen sich denken: einmal die höchstmögliche, wie sie auf Gott zutrifft, die keine Veränderung zulässt; und einmal diejenige, bei der es möglich ist, dass Lustempfindungen hinzukommen oder weggenommen werden.

Diogenes Laertios 10,121

Der Weise bewundert das Wesen der Götter und ihre Verfassung, und er versucht, dem nahe zu kommen. Es verlangt ihn geradezu danach, sie zu berühren und mit ihnen zusammen zu sein, und er nennt sowohl die Weisen Freunde der Götter als auch die Götter Freunde der Weisen.

Philodemos, de deor. victu

Neben allem Übrigen lehrte Epikur uns auch, dass die Welt auf naturgesetzliche Weise entstanden und dass kein göttlicher Kunstgriff dafür nötig gewesen sei. Es sei zudem leicht möglich – auch wenn ihr abstreitet, dass dies ohne göttliche Kunstfertigkeit vonstatten gehen könne –, dass die Natur unzählbare Welten erschaffen werde, erschaffe und bereits erschaffen habe.

Weil ihr diesbezüglich aber nicht verstehen könnt, auf welche Weise die Natur etwas ohne irgendeinen Geist erschaffen kann, flüchtet ihr euch wie tragische Dichter, weil ihr das gewollte Ende nicht logisch herbeiführen könnt, zu einer Gottheit.

Deren Hilfe müsstet ihr nun wirklich nicht in Anspruch nehmen, wenn ihr die unermessliche und unbegrenzte Größe des Raumes in alle Richtungen erkennen würdet: Wenn unser Geist sich in diese hineinbegibt und auch noch so zielstrebig umherschweift und sucht, wird er dennoch kein Ufer finden, an dem er halt machen könnte. In dieser Unermesslichkeit der Breiten, Längen und Höhen also jagt die unendliche Menge unzähliger Atome, die, auch wenn die Leere sie zumeist trennt, dennoch aufeinander stoßen und sich miteinander verbinden, indem die einen die anderen erreichen.

Daraus entstehen jene Formen und Figuren der Dinge, von denen ihr nicht glauben wollt, dass sie ohne Blasebalg und Amboss entstehen können. Infolgedessen wollt ihr uns das Joch eines ewiglichen Herrn auflasten, den wir Tag und Nacht fürchten müssten – denn wer dürfte einen alles vorhersehenden und planenden und registrierenden, neugierigen Gott, der meint, dass ihn alles angehe, und der immer geschäftig ist, nicht fürch-

ten? Darin liegt der Keim eurer schicksalsbestimm-
ten Notwendigkeit, die ihr »Heimarméne« nennt,
und deshalb sagt ihr, dass alles, was geschieht, aus
einer ewigen Wahrheit und ununterbrochenen
Reihe von Ursachen herrühre.

Welchen Wert kann man aber einer Philosophie
beimessen, für die – genauso wie für alte Weiber,
und zwar ungebildete – alle Dinge aus dem Schicksal herzurühren scheinen?

Hinzu kommt eure »Mantik«, ein anderes Wort für
»Wahrsagerei«. Durch sie würde uns der größte Aber-
glauben befallen, wenn wir euch darin folgen wollten,
Opferschauern, Auguren, Wahrsagern, Sehern und
Traumdeutern ehrfürchtig gegenüberzustehen.

Weil Epikur uns von diesen Schrecken befreit
und in die Freiheit geführt hat, fürchten wir auch
die Götter nicht. Denn wir haben erkannt, dass sie
sich weder selbst irgendwelche Sorgen aufladen
noch anderen Wesen solche bereiten. Daher verehren wir sie fromm und ehrfürchtig als herrliche und
vollkommene Wesen.

Cicero, nat. deor. 1,53–56

Wer sagt, dass alles aus Notwendigkeit geschehe,
hat demjenigen nichts vorzuwerfen, der sagt, dass
nicht alles aus Notwendigkeit geschehe: Er sagt ja,
dass genau das aus Notwendigkeit geschehe.

Gnom. Vat. Ep. 40

Die Vorzeichen aber, die manchmal an Tieren zu beobachten sind, ergeben sich aus dem Zufall des Augenblicks. Die Tiere bewirken nämlich keinerlei Zwang, dass etwa ein Sturm aufkommen muss. Auch gibt nicht irgendein göttliches Wesen von seinem Thron aus genau Acht darauf, wie solche Tiere ihren Stall verlassen, um die entsprechenden Vorzeichen im Anschluss daran durch Taten zu vollenden. Denn solche Torheit dürfte nicht einmal das erstbeste Lebewesen befallen, selbst wenn es nur wenig Geist besitzt, geschweige denn eines, das sich im Besitz der vollkommenen Glückseligkeit befindet.

Pythokles 115 f.

Woher stammen oder wie werden alle Dinge, die geschehen? Es handelt sich dabei, sagt Epikur, nicht um das Werk einer Vorsehung. Vielmehr gibt es Atome, die im leeren Raum hin und her fliegen, und wenn diese zufällig aneinander stoßen und sich verbinden, entstehen und bilden sich sämtliche Dinge.

Laktanz, divin. inst. 3,22

Zahllose Atome jagen auf zahllose Weisen umher – durch Impulse und ihr eigenes Gewicht schon seit unendlicher Zeit in Bewegung – und stoßen auf jede erdenkliche Weise zusammen und bilden im Laufe der Zeit alle nur möglichen Dinge, die sie in je unterschiedlicher Kombination erschaffen können. Daher ist es kein Wunder, wenn sie auch zu solchen Anordnungen gekommen sind und zu solchen Laufbahnen gefunden haben, in denen sich das Universum heute zeigt und dabei ständig neu erschafft.

Lukrez, rer. nat. 5,187–194

Sowohl die Sonne als auch der Mond als auch die übrigen Sterne sind nicht getrennt voneinander entstanden und auch nicht erst später vom Kosmos und allem, was er enthält, umfangen worden. Vielmehr wurden sie alle mit einem Mal gestaltet und begannen zu wachsen – so wie auch Land und Meer –, und zwar infolge der Ansammlung und der Wirbelbewegung feinteiliger Körperchen, die sicherlich entweder luftartig oder feuerähnlich oder beides zugleich sind. Darauf lässt unsere Wahrnehmung schließen.

Pythokles 90

Das göttliche Wesen darf keinesfalls zur Erklärung der Himmelserscheinungen herangezogen werden. Wenn man sich daran nicht hält, wird die gesamte Ursachenforschung bezüglich der meteorologischen und astronomischen Phänomene vergebens sein – ganz so, wie es schon einigen widerfahren ist, die sich nicht mit möglichen Herleitungen befassten, sondern in sinnloses Gerede verfielen, weil sie der

Ansicht waren, dass die Himmelserscheinungen nur auf eine einzige Art und Weise entstehen können, und dabei die anderen Herleitungen, die sich am Möglichen orientieren, allesamt verwarfen. Diese Leute verirrten sich in das Undenkbare, auch weil sie die sichtbaren Erscheinungen nicht miteinbezogen, die man als Hinweise auffassen muss.

Pythokles 97

Die Entstehung eines Donnerschlags lässt sich auf viele Arten und Weisen erklären. Nur der Mythos bleibe außen vor; das wird er aber, wenn man anhand der gut sichtbaren Dinge Schlussfolgerungen in Bezug auf die unsichtbaren zieht.

Pythokles 104

Epikur sagt, die Gottheit sei ewig und unvergänglich und trage für nichts Vorsorge, und überhaupt gebe es keine Vorsehung und kein Schicksal, sondern alles geschehe aus sich heraus. Denn die Gottheit sitze in den von ihm so genannten »Zwischenwelten«. Er erklärte nämlich, dass es einen Wohnsitz der Gottheit außerhalb des Kosmos gebe, ebendiese Zwischenwelten. Die Gottheit erfreue sich allerhöchster Glückseligkeit und Muße, und weder kenne sie selbst Sorgen noch bereite sie solche einem anderen.

Hippol., philos. 22,3 p. 572

Zehntes Kapitel

DIE SCHWEINE DES EPIKUR

Von allen Naturphilosophen ist Epikur
das größte Schwein gewesen.

Timon bei Diogenes Laertios 10, 3

Angeblich hat Epikur einen seiner Brüder verkuppelt und stand in privatem Kontakt zu einer Hetäre namens Leontion. In den Briefen an sie schreibt er: »Meine rettende Herrin, meine süße Leontion, was für eine Freude war es für mich, deinen Brief zu lesen!« Es heißt außerdem, dass er noch an viele andere Hetären geschrieben habe, vor allem aber an Leontion – deren Liebhaber auch Metrodoros gewesen sein soll. Mit Epikur und diesem haben angeblich noch weitere Hetären zusammengelebt, beispielsweise Mammarion (»Brüstchen«), Hedeia (»Süße«) und Erotion (»Liebchen«).

Diogenes Laertios 10, 4 ff.

Nachdem er Epikurs Schule verlassen hatte, hat Timokrates, ein Bruder Metrodoros', in seinem »Lachgeschichten« betitelten Buch behauptet, dass Epikur sich zweimal pro Tag übergeben musste, so viel habe er gegessen. Epikur selbst schreibt in seinen Briefen an Leontion und an Philosophen in Mytilene, dass er jeden Tag eine Mine für Essen ausgebe.

Diogenes Laertios 10, 6

Wenn du mal eine lustige Stunde verbringen willst, komm zu mir, dem wohlgenährten, vor Salbe glänzenden, hautgepflegten Schwein aus Epikurs Herde.

Horaz, Epistulae 1, 4, 16

Man warf Epikur vor, von den Naturwissenschaften wenig Ahnung gehabt zu haben, aber noch weniger vom Leben selbst.

Diogenes Laertios 10, 7

Ich preise dich selig, mein lieber Apelles! Denn du hast dich frei von jedweder Bildung der Philosophie überantwortet.

Usener Fr. 117

Flüchte, du Seliger, mit gehissten Segeln vor jeder Art von Bildung.

Diogenes Laertios 10, 6

Epikur konnte angeblich jahrelang nicht eigenständig aus seinen bequemen Polstern aufstehen, weil seine körperliche Konstitution so schwach gewesen sein soll.

Diogenes Laertios 10, 7

Epikur soll dem Verwaltungschef des Lysimachos unerträglich geschmeichelt und in seinen Briefen an ihn als »Retter« und »Herr« angeredet haben. Und selbst diejenigen Leute, die seine esoterischen, d.h. nur für den inneren Schulzirkel bestimmten, philosophischen Lehren publik machten – dabei handelte es sich um Idomeneus, Herodotos und Timokrates – selbst diejenigen also soll er mit schmeichelnden Worten überhäuft haben.

Diogenes Laertios 10, 4 f.

Verrückt sind all jene, die Epikur vorwerfen, andere schlecht behandelt zu haben. Für sein einzigartiges Wohlwollen, das er jedermann gegenüber an den Tag legte, gibt es schließlich genug Zeugen. Zum Beispiel seine Vaterstadt, die ihm zu Ehren mehrere Bronzestatuen aufgestellt hat. Oder seine zahlreichen Freunde, die für sich genommen allein schon zahllose Städte ausmachen würden. Oder die ganzen von seinen Lehren wie gefesselten Anhänger. Oder auch seine philosophische Schule, die nach wie vor existiert, während alle anderen doch längst vergangen sind.

Diogenes Laertios 10, 9

Wenn man Epikurs Leben mit dem anderer Menschen vergleicht, könnte man es wegen seiner Milde und Selbstgenügsamkeit für einen Mythos halten.

Gnom. Vat. Ep. 36

Zeichen für Epikurs einzigartiges Wohlwollen gegenüber jedermann ist zudem das freundschaftliches Verhältnis, das er zu seinen Sklaven hatte. Das ergibt sich einerseits aus seinem Testament und andererseits daraus, dass sie allesamt mit ihm gemeinsam philosophiert haben.

Diogenes Laertios 10, 10

Für alles, was er behandelte, nutzte er umgangssprachliche Worte – die der Grammatiker Aristophanes jedoch als zu eigenwillig beanstandet. Auf leichte Verständlichkeit legte Epikur aber solchen Wert, dass auch sein Buch *Über die Redekunst* im Grunde nur aus der Forderung besteht, man solle sich klar und verständlich ausdrücken. Selbst in seinen Briefen verabschiedete er sich nicht »Mit vielen Grüßen«, sondern mit »Mach es gut« oder »Bleib sauber«. In den 37 Büchern *Über die Natur* hat er angeblich besonders den Nausiphanes mit folgenden Worten angegriffen: »Zur Hölle mit ihm! Denn ebenso wie viele andere Dumme hat er seine geistigen Ergüsse immer nur in sophistischen Worthülsen zustande gebracht.«

Diogenes Laertios 10, 13 f.

Epikurs Freunde kamen von überallher zu ihm und lebten – wie auch Apollodor schreibt – mit ihm auf einfachste und schlichteste Form in seinem »Garten«, den er Diokles zufolge für 30 Minen gekauft hatte. Diokles schreibt auch, dass sie beim Wein bereits mit irgendeiner billigen Sorte zufrieden waren und im Allgemeinen nur Wasser tranken. Epikur selbst schreibt in seinen Briefen, er sei mit Wasser und billigem Brot zufrieden, zum Beispiel in folgendem Satz:

»Schick mir einen kleinen Käse, damit ich – wenn mich danach gelüstet – ein üppiges Mahl halten kann!«

Diogenes Laertios 10, 11

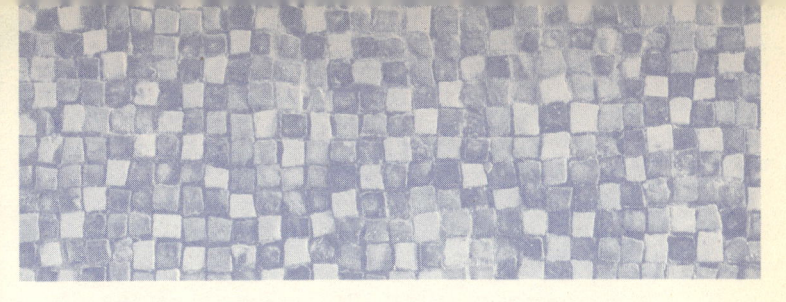

NACHWORT

Lust ist ein zweischneidiger Begriff. Aus dem Zusammenhang gerissen, kann sein breites Spektrum von wonniger Freude bis hin zu lüsterner, materialistischer Gier gleichermaßen positive wie negative ethische Assoziationen wecken. Epikurs Gegner versteiften sich auf letztere Möglichkeit und brandmarkten seine Lehre als unmoralischen, ja höchst verwerflichen Aufruf zu hedonistischer, hemmungsloser Genusssucht.

Tatsächlich aber verstand Epikur (341–270 v. Chr.) unter diesem Schlüsselwort etwas völlig anderes: Lust besteht für Epikur in der Erlösung von allen seelischen wie körperlichen Schmerzen. Dafür gibt der Philosoph eine Vielzahl von Hinweisen, Maximen, Ratschlägen aus. Die prägnantesten Aussagen sind in diesem Band versammelt: Die hier gewählte Anordnung sortiert dabei nicht nur des besseren Überblicks halber die epikureischen Gedanken nach thematischen Schwerpunkten, sondern ermöglicht es zugleich, den logischen Gedankengang und den inneren Zusammenhang der Lehrmeinung im »Kepos« (Garten) nachzuvollziehen, wie Epikurs Schule nach ihrem Versammlungsort, einem Garten in Athen, auch genannt wird. Die weiteren, hier nicht aufgeführten Epikurquellen würden das Bild dieser Lehre noch detailreich vertiefen. Um aber den Blick auf die wesentlichen Aussagen Epikurs freizugeben und zugleich das ihnen zugrunde liegende philosophische System aufzuzeigen, erschien die vorliegende Textauswahl als der geeignete Mittelweg.

Denn Epikurs Philosophie ist keineswegs auf ethische Probleme begrenzt. Vielmehr setzt die Suche nach der Lust im Leben – und damit auch der Lust am Leben – gerade in Bezug auf die »letzten Fragen« die Auseinandersetzung mit den elementaren Umgebungsparametern menschlicher Existenz voraus. Und diese Auseinandersetzung besteht eben in der umfangreichen Reflexion über das Wesen des Göttlichen, des Kosmos sowie nicht zuletzt auch des Menschen selbst.

Das Ziel der entsprechenden Untersuchungen liegt für Epikur letztlich darin, zu zeigen, dass für den Menschen keinerlei Anlass besteht, in irgendeiner Weise Angst oder Unruhe zu empfinden. Und wer dies beherzigt, erreicht aus Sicht des Kepos die Erlösung von seelischem Leid, worin ja eine der beiden Voraussetzungen des lustvollen Lebens besteht. Es liegt zwar, wie Epikur einräumt, nicht in der Macht des Menschen, körperlichen Schmerz ganz auszuschließen. Aber: »Schmerzen halten im Fleisch nicht unbegrenzt an. Sondern dauern, wenn sie äußerst heftig sind, nur ganz kurze Zeit; ein Schmerz hingegen, der das Lustspendende im Fleisch nur knapp überwiegt, erstreckt sich zumindest nicht über viele Tage hin; und lang anhaltende

Unpässlichkeiten lassen im Fleisch mehr Lust als Schmerz entstehen.« (Kyriai Doxai 4). Durch diese Relativierung verliert das körperliche Leid für den Epikureer seinen Schrecken, zumal die angstfrei gewordene Seele durch ihre »Ataraxía«, ihre Unerschütterlichkeit, imstande ist, körperliche Schmerzen mit Gleichmut zu ertragen.

Der Verweis darauf, dass Schmerzen innerhalb des menschlichen Lebens letztlich nur ein begrenztes Maß annehmen können, wird dadurch flankiert, dass auch aus dem Bereich des Göttlichen keine »Schrecknisse« drohen. Dies begründet Epikur u. a. mit dem Hinweis, dass es einem Gott angesichts seiner vollkommenen Glückseligkeit wesensfremd sei, sich für Belange der Menschen auch nur entfernt zu interessieren oder gar in deren Leben einzugreifen.

Auf demselben Gedanken beruht auch die Ansicht, dass eine Gottheit überhaupt mit dem Kosmos nicht interagiere. Stattdessen verortet Epikur das Göttliche in »Zwischenwelten«, die getrennt von unserem All bestehen. Damit führt er eine erhebliche Neuerung gegenüber der zeitgenössischen Vorstellung göttlicher Existenz ein. Gleichwohl ist aber zu vermerken, dass Epikur weit davon entfernt ist, Positionen eines wie auch immer gearteten Atheismus zu vertreten. Denn die Götter sind in seinen Augen als vollendete Wesen zu verehren, deren ewige Glückseligkeit das höchste Ziel allen menschlichen Strebens verkörpert.

Statt intervenierende Gottheiten zu vermuten, erklärt Epikur den gesamten Kosmos nach der Atomismuslehre Demokrits, die er weiterentwickelt. Da sich demnach alle Vorgänge rein naturgesetzlich beschreiben lassen, verliert auch der Kosmos für den Anhänger Epikurs jeden Schrecken.

Durch diese Erklärung der Welt nach physikalischen Gesetzmäßigkeiten verliert schließlich auch der Tod seinen Schrecken – die letzte der schwerwiegenden Ängste, von denen der Gründer des Kepos die Menschen befreien will. Da mit dem Tod die Wahrnehmung erlösche und der Mensch zu existieren aufhöre, besteht nach Epikur kein Anlass, Furcht vor dem Lebensende zu empfinden.

TEXTQUELLEN

Bei der Beschäftigung mit Epikurs Lehre ist neben der unmittelbaren inhaltlichen Auseinandersetzung auch die Quellenlage von besonderem Interesse. Denn direkte Zeugnisse, die aus der Feder des Philosophen selbst stammen, sind keineswegs unsere einzigen Anhaltspunkte, im Gegenteil: Zum größeren Teil besteht die Überlieferung aus Zitaten,

Kommentaren oder Reflexionen bei späteren, sowohl griechischen als auch lateinischen Autoren.

Obwohl Epikur als außerordentlicher Vielschreiber galt, ist von seinen vielen Schriften nur wenig erhalten – immerhin sind zahlreiche Titel noch bekannt. Diogenes Laertios gibt in seiner Epikur-Biografie immerhin ein Gesamtvolumen von 300 Schriftrollen an, die nicht nur in ihrer schieren – und bis dato einzigartigen – Menge, sondern auch aufgrund ihrer inhaltlichen Qualitäten beeindruckt haben sollen. Stilistisch jedoch war der Gründer des Kepos umstritten, insbesondere da er zu überaus verschachtelten Satzkonstruktionen neigte.

Den Schwerpunkt des noch Erhaltenen bilden die Briefe an Herodotos, Menoikeus und Pythokles sowie die »Kyriai Doxai« (Maßgebliche Sätze), die allesamt im 10. Buch von Diogenes Laertios' »Leben und Lehren bedeutender Philosophen« enthalten sind. 1888 kam noch das damals wiederentdeckte »Gnomologium Vaticanum Epicureum« (Epikureische Spruchsammlung im Vatikan) als weiterer bedeutender Quelltext hinzu. Alle sonstigen Werke sind nur marginal überliefert, beispielsweise als fragmentarische Zitate in den Abhandlungen anderer Autoren.

Was die Ethik betrifft, so zählten in der Antike folgende Werke zu Epikurs berühmtesten Schriften:

Über das höchste Gut, Über gerechtes Verhalten, Über die Gerechtigkeit und die weiteren Tugenden, Über die Lebensweisen, Über den Reichtum, Über Schenken und Dankbarkeit, Über das Auswählen und Meiden, Über Zweifelsfälle, Über die Monarchie sowie seine zahllosen *Briefe*.

Zu diesem Oeuvre hinzu kommen die in der Antike ebenfalls hochgeschätzten naturphilosophischen bzw. physikalischen Abhandlungen, darunter vor allem Epikurs Hauptwerk *Über die Natur* (37 Bücher) sowie die Schriften *Über die Atome und die Leere, Über den Winkel im Atom, Über die Musik, Über die Liebe, Über Heiliges, Über die Götter, Über das Schicksal und Unvermeidbares,* die teilweise fließende Übergänge zur Methodologie besitzen. Die wichtigsten Grundlagen der epikureischen Naturphilosophie sind uns glücklicherweise erhalten geblieben, da sie im *Brief an Herodotos* formuliert werden.

Unter den eigentlichen methodologischen Schriften ist in erster Linie das Grundlagenwerk *Über das Kriterium oder Kanon* zu nennen, zu ihnen zählten aber auch die offenbar in erster Linie erkenntnistheoretisch ausgerichteten Monographien *Über das Sehvermögen, Über die Haptik, Über die Vorstellung.*

Über die Logik hingegen philosophierte Epikur nicht dezidiert, was Diogenes Laertios zu der Äußerung veranlasste: »Die Epikureer halten die Logik für unnötig.« *(Leben und Lehre der Philosophen,*

10, 31) – gemeint ist freilich nicht, dass die Epikureer die Gesetze der Logik missachteten, sondern
dass sie der Logik – anders als etwa der Peripatos –
nicht den Stellenwert einer philosophischen Haupt-
disziplin zubilligten. Diese bestanden für die »Gar-
tenphilosophen« vielmehr in der Trias Ethik, Naturphilosophie und der sogenannten Kanonik, welche
Erkenntnistheorie und Methodologie umfasste.

Für den zeitgenössischen Diskurs ebenfalls von
besonderem Interesse, im Gegensatz zu den bereits
genannten Werken aber nicht erhalten, waren jene
Schriften, in denen Epikur sich mit einigen Wegge-
fährten und besonders mit bedeutenden Philosophen auseinandersetzte. Immerhin als Titel bekannt
sind z. B. noch *Gegen die Naturphilosophen, Gegen
die Megariker, Gegen Theophrast, Gegen Demokrit,
Hegesianax, Aristobulos, Polymedes, Timokrates* (drei
Bücher), *Metrodoros* (fünf Bücher), *Antidoros* (zwei
Bücher) und *Anaximenes.*

Eine besondere Form »epikureischer« Schriften ist
separat zu behandeln. Es sind Briefe, die gar nicht
von dem Kepos-Gründer, sondern vielmehr von seinen philosophischen Gegnern gezielt in Umlauf
gebracht wurden – eine besonders perfide Form
übler Nachrede. So nutzte etwa Diotimos, ein Epikur
gegenüber unversöhnlich gesonnener Stoiker, diese
Art der Diffamie, indem er unter Epikurs Namen

50 Briefe voller Obszönitäten in der Öffentlichkeit zirkulieren ließ. Und er stand damit keineswegs allein, auch Dionysios von Halikarnassos brachte, ebenso wie mindestens ein weiterer anonymer Editor, mehrere Briefe unter Epikurs Namen heraus. Aber nicht nur solche apokryphen Werke verlangen nach kritischer Aufmerksamkeit des jeweiligen Lesers.

Vorsichtige Skepsis ist überhaupt geboten, wenn epikureische Äußerungen oder Argumentationsgänge durch andere Schreiber zitiert, nachempfunden oder gar kommentiert werden. Abweichungen von der »reinen Lehre« des Kepos sind dabei nicht nur aufgrund flüchtiger Ungenauigkeiten bei der Wiedergabe, sondern auch angesichts potenzieller Missverständnisse komplexer Themen oder sogar bewusster Verzerrungen denkbar – zum Beispiel, um Epikurs Lehre mit Blick auf die Adressaten des jeweiligen Autors besser angreifen oder verteidigen zu können. Bei allen Zitaten in diesem Band ist nicht zuletzt aus diesem Grund die jeweilige Herkunft angegeben. Die vollständigen Titel der mit Abkürzungen bezeichneten Quellen sind im Folgenden verzeichnet.

VON EPIKUR SELBST VERFASSTE TEXTE

Menoikeus	Brief an Menoikeus
Herodotos	Brief an Herodotos
Pythokles	Brief an Pythokles
Idomeneus	Brief an Idomeneus
Anaxarchos	Brief an Anaxarchos
An seine Mutter	Brief an seine Mutter
Gnom. Vat. Ep.	Gnomologium Vaticanum Epicureum (teilweise von Schülern Epikurs formuliert)

ZITIERENDE WERKE ANDERER AUTOREN

Aelian, var. hist.	Varia historia
Cicero, fin.	De finibus bonorum et malorum
Cicero, nat. deor.	De natura deorum
Cicero, Tusc. disp.	Tusculanae disputationes
Laktanz, div. inst.	Divinae institutiones
Lukrez, rer. nat.	De rerum natura
Origenes, c. Cels.	Contra Celsum
Philodemos, de deor. victu	De deorum victu
Philodemos, de piet.	De pietate

Philodemus, Herc. Pap.	Philodemus, Herculaneum Papyrus
Plutarch, mor.	Moralia
Plutarch, plac. phil	Placita philosophorum, Contra Colotem
Porphyrios, ad Marc.	Ad Marcellam
Seneca, benef.	De beneficiis
Seneca, ep.	Epistulae morales ad Lucilium

Zuletzt noch ein formaler Hinweis: Manche der erhaltenen Zitate sind als Nebensätze, Einschübe oder ähnlich indirekt formuliert. Diese grammatikalischen Eigenheiten wurden im Deutschen der Lesbarkeit zuliebe aufgelöst.